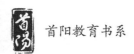

首阳教育书系

U0691373

高校网球教学理论
与技能训练研究

金 炜 著

陕西师范大学出版总社　西安

图书代号 JY24N2084

图书在版编目（CIP）数据

高校网球教学理论与技能训练研究 / 金炜著.
西安：陕西师范大学出版总社有限公司，2024.8.
ISBN 978-7-5695-4697-2

Ⅰ．G845.2

中国国家版本馆 CIP 数据核字第 2024KJ5925 号

高校网球教学理论与技能训练研究

GAOXIAO WANGQIU JIAOXUE LILUN YU JINENG XUNLIAN YANJIU

金　炜　著

出 版 人	刘东风
出版统筹	杨　沁
特约编辑	张若凡
责任编辑	张慧君　魏　宁　温彬丽
责任校对	王　婉
封面设计	知更壹点
出版发行	陕西师范大学出版总社
	（西安市长安南路 199 号　　邮编　710062）
网　　址	http://www.snupg.com
印　　刷	河北赛文印刷有限公司
开　　本	710 mm×1000 mm　　1/16
印　　张	12.5
字　　数	250 千
版　　次	2024 年 8 月第 1 版
印　　次	2024 年 8 月第 1 次印刷
书　　号	ISBN 978-7-5695-4697-2
定　　价	60.00 元

读者使用时若发现印装质量问题，请与本社联系、调换。
电话：（029）85308697

作者简介

　　金炜，女，1978 年 7 月生人，山东烟台人，毕业于北京体育大学，硕士研究生学历，现任北京化工大学讲师。主要研究方向：体育教学与训练。工作以来先后发表 10 余篇论文，并参编出版 3 本教材，参与 6 项省级课题及教改项目。

前　言

当今，体育教育作为高等教育体系中的重要组成部分，正不断推动着学生素质的全面发展。网球运动以其独特的魅力逐渐在高校中普及开来，成为受广大学生喜爱的体育项目之一。然而，高校网球教学在理论与技能训练方面仍存在诸多不足，这在一定程度上制约了网球运动在高校的深入发展。首先，从理论层面来看，高校网球教学缺乏系统、全面的教学理论指导。现有的教学理论多侧重于技术层面的讲解，而忽视了网球运动的文化内涵、战术策略以及心理素质培养等方面的内容。其次，在技能训练方面，高校网球教学也面临着诸多挑战。一方面，由于场地、器材等硬件设施不足，学生的训练条件受到限制；另一方面，教师队伍的专业素养和教学水平参差不齐，也影响了训练效果的提升。因此，本书通过深入研究高校网球教学的理论与技能训练，旨在为高校网球教学提供更为科学、系统的教学指导。

全书共八章。第一章为网球运动概述，主要阐述了网球运动的雏形与发展、网球运动的场地与器材、网球运动的特点与价值等内容；第二章为高校网球教学的基本理论，主要阐述了高校网球教学的理论与目标、高校网球教学的原则与功能、高校网球教学的组织与实施等内容；第三章为高校网球教学要素的创新，主要阐述了高校网球教学内容的开发、高校网球教学方法的创新、高校网球教学模式的创新、高校网球教学的评价体系等内容；第四章为高校网球技术教学与训练，主要阐述了高校网球技术教学和高校网球技术训练等内容；第五章为高校网球战术教学与训练，主要阐述了高校网球单打战术教学与训练、高校网球双打战术教学与训练、高校网球心理战术教学与训练等内容；第六章为高校网球运动身体素质训练，主要阐述了高校网球力量素质训练、高校网球速度素质训练、高校网球耐力素质训练、高校网球柔韧素质训练、高校网球灵敏素质训练等内容；第七章为高校网球运动心理素质训练，主要阐述了高校网球运动心理素质训练的意义与内容、高校网球运动心理素质训练的相关对策等内容；第八章为高校网球训练中常见的运动损伤及其处理与预防，主要阐述了高校网球训练中常见的运动损伤、高校网球训练中运动损伤的处理、高校网球训练中运动损伤的预防等内容。

在撰写本书的过程中，笔者借鉴了许多前人的研究成果，在此表示衷心的感谢，并衷心期待本书在读者的学习生活以及工作实践中结出丰硕的果实。

探索知识的道路是永无止境的，本书还存在着一些不足之处，恳请前辈、同行以及广大读者提出建议，以便改进和提高。

目　　录

第一章　网球运动概述

网球运动是一项历史悠久、深受欢迎的体育项目。它不仅是人们休闲娱乐的重要方式，还是国际赛事中的热门项目。随着社会的不断发展和人们对健康生活的追求，网球运动逐渐被越来越多的人推崇。本章围绕网球运动的雏形与发展、网球运动的场地与器材、网球运动的特点与价值等内容展开研究。

第一节　网球运动的雏形与发展

一、网球运动的雏形

（一）网球运动孕育于游戏中

实际上，网球运动最早孕育于游戏中，其雏形是法国当地比较流行的一种球类游戏。网球运动在流行于法国之前，也存在于波斯湾及古希腊一带，但真正流行开来还是在法国。网球运动的发展是循序渐进的，12 世纪以后，网球运动游戏实现了法国全国范围内的流行与传播。随着网球运动游戏的日益流行，其对应的游戏规则和游戏内容也得到了完善，表现为对抗双方的需求方式发生了明显的改变，从手掌击球到佩戴手套击球再到球拍击球，此时的网球运动游戏已经非常接近现在的网球运动。

（二）网球运动在各国的流行

1360 年，法国王室在与英国王室进行对外交流的过程中，曾赠送给英国国王亨利五世一件宝贵的礼物，而该礼物就是网球球拍。源于法国的网球运动游戏伴随着这次对外交流，开始在英国流行起来。网球运动游戏深受英国国王爱德华三世的喜爱。因为钟爱网球运动，他下令修建室内球场，并且对球拍和球都进行了改良。在他的带动下，球拍和球的改良走上了正轨。

如果说前期的网球运动还较多地带有游戏的属性，那么随着竞技规则的完善，

1

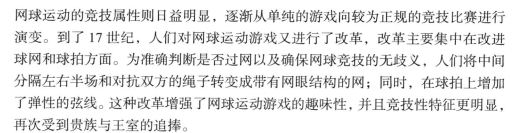

网球运动的竞技属性则日益明显，逐渐从单纯的游戏向较为正规的竞技比赛进行演变。到了 17 世纪，人们对网球运动游戏又进行了改革，改革主要集中在改进球网和球拍方面。为准确判断是否过网以及确保网球竞技的无歧义，人们将中间分隔左右半场和对抗双方的绳子转变成带有网眼结构的网；同时，在球拍上增加了弹性的弦线。这种改革增强了网球运动游戏的趣味性，并且竞技性特征更明显，再次受到贵族与王室的追捧。

在对球拍、球和球网进行改良后，人们将改良的目光放到了网球场地和设施上。1873 年，在英国人沃尔特·克洛普顿·温菲尔德的带动下，网球运动游戏又在一定程度上得到了改进，开始在草坪上进行，并获得了"草地网球"的别名。1875 年，英国人规定了网球比赛场地的大小和网的高度，这使得网球运动更加具有系统性。1877 年，在英国伦敦西南方向的温布尔顿设立的草地网球总会是网球运动史上具有里程碑意义的事件。同年，草地网球锦标赛开赛，网球运动成为带有竞技性质的正式的体育运动项目。

二、网球运动的发展阶段

（一）世界网球运动的发展阶段

1. 网球运动的黄金发展阶段

当网球运动演变为具有竞技性质的正式体育项目时，它步入了第二个发展阶段，这一时期也成为网球运动发展的鼎盛时期。在此阶段，网球运动的主导国家从法国转移至英国，随后又进一步传播至美国。在这一黄金时期，众多杰出的网球运动员崭露头角，为这项运动注入了新的活力与激情。进入 20 世纪 70 年代后期，网球运动呈现出多国参与竞技的繁荣景象。这一时期，除了美国继续保持其领先地位外，俄罗斯、澳大利亚、英国、法国等国家的网球运动水平也迅速提升，各国选手在赛场上竞相争艳，共同推动着网球运动的发展与进步。

20 世纪 90 年代，网球运动迎来了前所未有的飞速发展，这得益于技术的不断创新和体育器材的持续优化。随着技术含量和科技含量的不断提升，网球运动不仅在竞技性上达到了新的高度，而且也具备了极高的观赏性，吸引了越来越多的爱好者。到了 21 世纪，网球运动的发展更是呈现出百花齐放、百家争鸣的繁荣景象，世界级的网球运动员如雨后春笋般涌现，受到了广大球迷的热烈追捧。

2. 网球运动的职业化发展阶段

网球运动作为一项热门的竞技性比赛项目，开始逐渐向职业化和产业化方向发展，这也使得网球运动得到了大众的广泛认可。当前，多数人对澳网、温网以及法网、美网等网球比赛颇为关注，这些赛事的观看人数甚至高达上亿人，这意味着网球运动拥有一定的观众基础。更多的人开始熟悉网球运动，也积极主动地参与到网球运动中来，使得网球运动的规模扩大，影响力增强。

（二）我国网球运动的发展阶段

1. 中华人民共和国成立前网球运动的低水平发展阶段

我国网球运动的发展是以中华人民共和国成立为分水岭的。中华人民共和国成立以前，网球运动的普及率低，整体发展水平低。从 1910 年到 1948 年，在将近四十年的时间里，网球在第一届到第七届中华民国全国运动会里逐渐引起人们的关注，网球比赛也逐渐成为正式比赛项目。然而，前两届全国运动会只有男子网球项目，第三届才增设了女子网球项目；1915 年到 1934 年，由于这项运动参与度较低，我国网球运动技术水平提升比较缓慢。

在这之后，我国开始参与各种重大的网球比赛并取得了优异的成绩。例如，在远东运动会的激烈比拼中，邱飞海和林宝华两位运动员凭借出色的表现成功夺得第八届远东运动会男子网球赛的冠军；同时，女子网球队也积极参与了第六届和第十届远东运动会的表演赛，展现了不俗的实力。然而，据相关统计数据显示，从 1924 年至 1946 年，我国选手总共仅参加了六次戴维斯杯网球赛。这从某种程度上反映出，当时我国的网球运动尚未普及，参与人数相对较少，尚未进入大众网球运动的阶段。

2. 中华人民共和国成立后网球运动的高水平发展阶段

（1）网球运动的曲折发展阶段

中华人民共和国成立后，1953 年，我国成立了网球协会，并于同年举办了全国首次网球表演赛。1956 年，网球运动被正式纳入我国运动会的正式比赛中。该时期也有一批高水平的网球运动员涌现出来。男子网球运动员以朱振华等人为代表，与之对应的女子运动员则以戚凤娣等为代表。当网球运动发展初见规模时，受某些特殊因素的影响，1960 年到 1976 年这十几年间是网球运动的曲折发展阶段。

到了 1980 年，随着国家经济及各项事业的复苏，我国网球运动在经过曲折发展后，也逐渐实现了规模化发展。中国网球协会加入国际网球网联队伍。网球运动在一些大型城市如省会城市、特别行政区受到群众的喜爱。鉴于群众网球运动热情的日益高涨，国家也开始加大对网球运动及网球事业的支持与投入，网球运动场地建设与设施配套水平逐渐提升。

（2）网球运动的稳步发展阶段

21世纪以后，网球运动实现了自身的成熟稳定发展，无论是在竞技网球运动方面，还是在大众网球运动方面，都取得了一定的进展。在竞技网球运动方面，最主要的发展表现为网球运动训练机制和竞赛机制得到了完善。我国涌现出了更多优质的网球运动员，积极参与国际网球赛事，并取得了令世界瞩目的好成绩。例如，2001年网球运动员李娜参加了第二十一届世界大学生运动会的网球运动项目，这意味着我国的网球运动竞技走向了国际，逐渐与世界接轨。

2003年6月，孙甜甜、李婷等参加了维也纳女子网球赛，并首次在国际女子网球协会（WTA）赛事中包揽了双打冠亚军。在次年的雅典奥运会上，李婷和孙甜甜又夺得了女子网球双打金牌。这是我国第一次在奥运会的网球运动竞技中取得好成绩，在我国网球运动史上具有里程碑的意义。在2008年奥运会之后，全民运动意识增强，体育事业发展迅速，对网球运动人员的培养也得到了重视，涌现出了以王蔷和徐诗霖等为代表的新生代网球运动员，让我们看到了我国网球运动竞技的光明前景。在2011年的澳大利亚网球公开赛上，李娜获得了法国网球赛公开赛女单项目的冠军。在三年之后的澳大利亚网球公开赛上，李娜再次问鼎女单冠军。

大众网球运动方面的发展与竞技网球运动相比较为简单，但也取得了较为理想的进展。一方面，基于竞技网球运动的迅速发展，群众的网球运动意识得到了普遍增强，网球运动从竞技赛事的神坛步入群众之中，成为群众喜闻乐见的运动形式之一。另一方面，国家也加大了对网球运动的支持，尤其是投资建设了一大批高规格的网球运动场地，以不断满足群众对网球运动的各种需求。

三、网球运动的发展趋势

（一）现代网球运动正步入全盛时代

1.比赛的高额奖金刺激网球运动的发展

网球运动除了自身特有的魅力吸引着人们的关注外，各种大赛所设立的巨额奖金也是人们热衷于网球运动不可忽视的重要因素。国际网坛每年都会举办各式各样的赛事，其中不乏一些奖金丰厚、备受瞩目的重大比赛。这些比赛对参赛选手的要求极高，通常只有在世界排名表上名列前茅的运动员才有资格参加。这样的设定不仅确保了比赛的竞技水平，而且让世界顶尖的网球运动员有机会在一年中持续参与各类赛事，通过积累积分来提升排名。同时，这些比赛也为运动员提供了除奖金之外的更多机会，如获得巨额的广告签约等。

数额惊人的奖金和著名运动员的巨额收入自然会使网球运动得到更多人的关注，参加者也日益增多，比赛争夺日益激烈，从而推动了网球运动训练的变革和技术水平的提高。

2. 世界网坛群星璀璨

（1）当今网坛"一人独霸天下"的局面被打破

现代网球运动在长达一百多年的演进历程中历经了诸多挑战与变革，网坛也涌现出了无数杰出的英才。在其发展初期，由于技术层面的进步相对缓慢，组织机构尚待健全，因此赛事相对较少，网球运动的整体发展较为缓慢。进入20世纪，由于商业财团的介入，比赛逐渐商业化、职业化，刺激了网球运动高速发展。

20世纪初期，掌握先进技术的运动员在网球界占据显著优势，独领风骚。在网球运动的历史长河中，许多著名运动员都代表着不同的时代和特色，如博格、麦肯罗、康诺利、纳芙拉蒂洛娃、伦德尔和桑普拉斯等人，他们的出色表现都标志着世界网球运动的一个个重要发展阶段。在现代网球界，男子选手如德约科维奇、费德勒、穆雷和纳达尔等人，以及女子选手阿扎伦卡、莎拉波娃、小威廉姆斯和李娜等，都以他们独特的技艺和风采在现代网球史上留下了浓墨重彩的一笔。

进入20世纪90年代，世界网坛的竞技场上出现了一种新趋势，并形成了一种新格局，即随着网球运动的普及、训练水平的提高，新秀在不断地崛起，一个个著名网球运动员的诞生，打破了网坛"一人独霸天下"的局面，形成了"群星灿烂"的局面。

（2）更多的青少年选手进入世界领先行列

随着网球运动的广泛普及，训练方法和手段也变得更加规范和科学。同时，欧美地区的高水平网球学校为青少年运动员提供了早期训练的场所，使得他们在世界大赛中取得优异成绩的机会大大增加。如今，越来越多的青少年运动员在网坛崭露头角，展现出强大的竞技实力。例如，张德培16岁时就在罗兰·加罗斯赛事中夺冠，休伊特18岁便荣登世界排名第一的宝座，卡普里亚蒂14岁便在网坛夺标，而辛吉斯更是在15岁时便称霸网坛。

（3）网球运动水平不发达国家正迎头赶上

过去，当人们提及网球运动，总会想到美国、法国、澳大利亚、英国和西班牙等网球强国。然而，随着科学技术的飞速发展和传媒的广泛介入，网球运动在其他国家和地区的普及与提高也取得了显著进展。这些国家和地区正在迅速迎头赶上，展现出了强大的潜力和活力。如今，来自不同国家和地区的网球选手在世界舞台上崭露头角。例如，泰国的斯里恰潘、日本的杉山爱、阿根廷的科里亚，以及中国的李娜、彭帅和郑洁等选手，都在世界网坛上刮起了一股强劲的风暴。他们的出色表现和精湛技艺不仅赢得了观众的喝彩，而且深深地震撼了世界网坛。

（二）网球运动技术打法朝着全面、力量、进攻型发展

现代网球运动的赛事繁多，各种比赛场地的地面也不同，有硬地球场、泥沙球场、草地球场等，为了获得比赛的胜利，必须具备全面的技术和较强的进攻能力。

网球运动技术打法主要分为进攻型打法和防守型打法。通过 100 多年的发展，现代网球运动训练水平不断提高。打网球时的速度越来越快，力量越来越大。要想在比赛中处于不败之地，就必须进攻。

由于进攻型网球技术的发展，网球比赛变得更为激烈。如今，网球各种打法趋向于技术全面、特长突出；发球力量大、速度快、落点刁，且旋转多变；正、反手击球技术日趋平衡，加力上旋抽击被普遍采用；既有好的底线技术，又具备上网截击得分的能力；既有强有力的高压球技术，又具备准确的破网技术。总之，当今网球运动正朝着技术全面的进攻型打法方向发展。

第二节　网球运动的场地与器材

一、网球运动场地

（一）网球运动场地的变迁

法国最早出现的网球场只是一个四边形的场地，一般是由建筑物围成的，位于法国城堡的中庭或者修道院中。在那时，网球运动还处于起步阶段，只是游戏项目中的一种。

在 16 世纪和 17 世纪，网球这项运动获得了极大程度的发展，仅巴黎就有超过 1800 个网球场。1686 年，法国的凡尔赛宫花费巨资修建了多个网球场。

1874 年，温菲尔德少校成功将现代网球引入英国，这项运动有利于健康且男女皆宜，迅速赢得了人们的喜爱并得到广泛传播。温菲尔德少校在引入网球时并未具体规定场地的材质，但强调了场地表面必须保持平整。当时英国新建和改造的网球场多数选用了草地作为场地。温菲尔德少校亲自设计的首个网球场呈独

特的沙漏形。由于当时球员主要采用底线球的打法，因此底线区域的场地设计得相对较大。然而，随着网球运动的不断发展和场地的持续优化，网球场的形状也逐渐从沙漏形演变成了如今更为常见的长方形，以适应现代网球比赛的需求。

1875 年，英国板球俱乐部起草了网球的规则。在这时，伦敦郊外温布尔登的球场形状变为长方形，长 23.77 米，宽 8.23 米，发球线距网 7.92 米，网高 0.99 米。1877 年 7 月，全英板球和草地网球俱乐部成为全英板球俱乐部的新名称，并举办了首届温布尔登男子网球单打比赛。俱乐部也统一对场地进行了规定，与温布尔登的球场一样，都是长 23.77 米，宽 8.23 米，这个规制一直沿用至今。

接下来的几年里，在比赛的过程中可以随时调整网的高度。如果比赛时长过短，网就会被抬高，反之则会被降低。到了 1882 年，才最终固定了球网的高度：中间部分 0.914 米，两侧为 1.07 米，同时缩短了发球区域的长度，最终确定为 6.4 米。1890 年，最终确定了比赛的规则，并且在网球运动之后的发展过程中只改变了个别的小规则，其他的内容至今并无太大的变化。

（二）网球运动场地的类型

就现在网球比赛使用的场地来看，场地主要有天然草地场地、人造草地场地、软性场地、硬地球场、地毯球场和合成塑胶场等不同的类型。下面对主要的网球运动场地类型进行介绍。

1. 天然草地场地

天然草地场地是最古老和最具有传统色彩的一种网球运动场地类型。由于场地对草的质量和规格提出了较高的要求，有些草籽不能适应当地的环境条件，而不同地区的场地的气候是不同的，所以建造之后也需要更加细心和周到地进行维护。这一过程需要较多的资金，因此天然草地场地特别是用于正规大型比赛的天然草地场地是很难得到广泛推广的。天然草地场地还应具备良好的排水系统，最上面一层是精挑土壤，有 7.5 厘米厚，下面一层是畅通层，有 15 厘米厚，这两层共同组成了非组织结构渗透层。底土层面之上还有 44 厘米宽的排水道。球场的周围地面也进行了建设，材质是长条形状的条板、混凝土。目前，为数不多的职业草地网球赛大多集中在 6 月和 7 月，举行的地点都在英国。温布尔登网球锦标赛是其中历史最悠久和最有名的一个专业赛事。

天然草地场地的特点是，当球落地时，球和地面之间的摩擦作用很小，球会很快地从草地上反弹，因此选手需要具备较强的反应能力和敏捷性，还需要提高自己的奔跑速度。天然草地场地的特点也决定了选手更加适合使用"攻势网球"

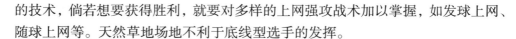

的技术，倘若想要获得胜利，就要对多样的上网强攻战术加以掌握，如发球上网、随球上网等。天然草地场地不利于底线型选手的发挥。

2. 人造草地场地

人造草地场地作为天然草地场地的优质替代品，其结构巧妙地借鉴了地毯的设计。人造草地场地的基座采用的是耐用且富有弹性的尼龙材质，确保了场地的稳定性和耐用性。在基座之上，铺设有密集的短束尼龙纤维，这些纤维柔软而坚韧，模拟了真实草地的触感。为了固定纤维的位置，纤维间填充了适量的细砂，使场地更加平整且富有弹性。为了确保人造草地场地的性能最佳，需要一个平坦且坚实的基底作为支撑，同时还需要配备高效的排水系统，以满足各种天气条件下的使用需求。总体而言，人造草地场地具有全天可使用的优势，无论是阳光明媚的白天还是阴雨绵绵的夜晚，都能保持其良好的性能；在维护方面，只需定期梳理纤维，保持其直立状态，并适时增加细砂以保持场地的平整性和弹性即可。

3. 软性场地

尽管大多数人对"软性场地"这个名称并不十分熟悉，但提起法国网球公开赛的标志性场地——红土球场，人们便立刻有了直观的认识。红土球场正是最具代表性的"软性球场"之一。除了红土，软性球场的材质还包括沙子和泥土等多种类型。软性球场的表面并不坚硬，而是覆盖着一层细小的沙子或砖屑。这样的设计使得球在落地时与地面之间产生极大的摩擦力，导致球速相对较慢。对于球员来说，这种摩擦力为球员跑动时提供了助力，使得球员能够轻松地完成紧急转弯。这些特点要求球员不仅要有出色的心理素质和跑动能力，还要在底线击球技术上有所突破。在软性场地上打球，底线的击球技术变得尤为重要，这对球员来说确实是一项挑战。球员通常需要在底线上与对手进行耐心的周旋，而不是频繁上网寻求机会。在这样的比赛中，谁更能在底线上坚持住，谁就更有可能成为最终的胜者。

虽然软性场地的建设成本较低，但它们维护起来是相当困难的，如场地需要经常性的浇水、平整、做标记和扫线，下雨之后也会增加滚压等很多工作。因此，使用场地的人应该多多爱护。

4. 硬地球场

现代网球运动比赛场地中，硬地球场占据了主导地位，成为最普遍、最常见的比赛场地类型之一。这类球场通常由水泥或沥青作为基础材料铺设而成，表面覆盖着红绿相间的塑胶面层，确保了场地的平整和硬度。在这样的场地上，网球的弹跳表现出高度的规律性，但同时也伴随着较快的反弹速度，属于快速场地。硬地球场平时易于清扫和维护，基本不需要太过精心的照顾。国外流行的所谓全天候球场主要就是指这种场地。东南亚一些国家和美国南部多采用硬地球场。硬地球场一般在群众性网球活动中比较多见，而在正规的网球比赛中十分少见。

需要注意的是，硬地不如其他质地的场地弹性好，在硬地球场上，由于球速较快、地面粗糙、地表的反弹作用强，因此网球的磨损特别快，网球拍也容易被划伤。球员长期在这种硬地上打球，很容易形成关节疲劳和损伤，对身体造成伤害。

5. 地毯球场

地毯球场是较为新式的一种可铺开和卷起的"便携式"网球场，其材质为塑胶、尼龙等。将其铺开后再用专用胶水与地面粘接，铺设和拆卸都十分便捷，因此在室内和室外网球运动中都经常被使用。地毯球场的保养并不复杂，只需要定期做除尘打扫，但如果出现较大面积的破损和积水就需要及时更换。

地毯球场的特点是球的速度取决于场地表面的粗糙程度。刚铺设的新场地表面层较厚，给予球的摩擦力较大，因此球速较慢，但使用过一段时间后，表面层逐渐磨损变薄，球速会逐渐变快。

6. 合成塑胶场

合成塑胶场与田径跑步场使用的材料属于同一类别，它们都以钢筋混凝土或其他类似坚固材料为基底，表面则覆盖一层通过特殊黏合剂紧密结合的合成塑料颗粒。这些颗粒的大小、分布状况以及独特性质共同调控着场地的整体弹性和硬度，为球员提供适宜的运动环境。合成塑胶场以其鲜明的色彩和便捷的维护而备受青睐，无论是室内环境还是室外环境均可安装使用。合成塑胶场出色的通用性和适应性使其成为建设公共网球场地的理想选择。在合成塑胶场中，聚氨酯塑胶场地和丙烯酸塑胶场地是两种常见的类型，它们各自具有独有的特点和优势，能够满足不同的使用需求。

聚氨酯橡胶是用于建造聚氨酯塑胶场地的主要材料。这种材料厚而灵活，尤其适合安装在运动场上作为跑道的材料，但是聚氨酯橡胶如果有变形或者其他的问题出现，球场的地面就会改变网球的运动轨迹，也就是说，网球可能出现弹跳不均匀的现象。此外，网球鞋鞋底可能会和聚氨酯塑胶场地的表面产生反作用力，脚感不太舒服，给人一种阻碍跑步的感觉。但是，由于聚氨酯橡胶有一定的防滑性和防水性，所以可以铺设到一些有裂纹的水泥地面上，或者是表面较为粗糙的球场上。

在目前的国际比赛中，丙烯酸塑胶场地得到了较为普遍的使用，这种场地比较稳定，不会受到恶劣天气或者是环境变化的影响。丙烯酸塑胶场地的使用寿命长，表面坚硬耐磨，不容易发生变形；颜色的种类也比较丰富，而且还具有抗紫外线的作用，颜色不容易消失；修理或者维护都很方便。此外，该材质还具有环保的特点，不会伤害人体和环境。丙烯酸塑胶场地的缺点是它的地基材料是混凝土或沥青，这两种材料都比较硬，如果在缺乏热身的情况下在这种场地中进行激烈的运动，可能会对身体造成损伤。

（三）网球运动场地的规格

网球运动场地的形状是长方形，长 23.77 米，宽度在单打比赛和双打比赛中是不一样的，单打比赛场地宽 8.23 米，双打比赛场地宽 10.97 米。

网球运动场地有两个部分，分界线是一条球网，球网一般挂在绳子（有时是钢丝绳）上，绳子被挂在场地两侧的两根网柱上，这两根网柱都是 1.07 米高。球网呈伸展状态，并且和网柱之间设有空隙，网中的孔应足够小，以防止球穿过网孔。球网的中央部分高 0.914 米。

球场的底线是球场前后两端的界限，球场的边线是球场左右两端的界限。

底线被中心标志分成两个部分。中心标志长 10 厘米，而且它和边线是平行的。发球中线和中心标志的宽度是相同的，都是 5 厘米。

在两条单打边线之间，需绘制两条与球网保持平行且与之相距 6.40 米的线，这两条线被称为发球线。发球区则是指位于发球线与球网之间的区域，该区域被一条发球中线精准地划分为两个完全相等的部分。发球中线的位置与边线保持平行，并且与两侧边线的距离完全一致，确保了两个发球区的对称性。

所有场地的测量都需从线的外缘开始。场地上线的颜色是一致的，并可以和场地本身的颜色区分开。

二、网球运动器材

（一）网球

国际网球联合会（以下简称为"国际网联"）详细规定了网球的尺寸、质量、气压和颜色。

①网球的外部是用统一的纺织材料包裹的，比赛用球颜色应该是白色或黄色，由橡胶化合物制作，外表毛质均匀。如果有接缝，应该没有缝线。

②网球的直径为 6.35～6.67 厘米，质量为 56.7～58.5 克。网球从 2.54 米

的高处自由落下时，可以在硬地平面弹起 1.35～1.47 米高。气温在 20 摄氏度时，如果在网球上加压 8.165 千克，推进变形应大于 0.56 厘米，小于 0.74 厘米，复原的平均值为 0.89～1.08 厘米。

③指定网球的类型不止一种。一般的网球类型分为 1 型（快速）球、2 型（中速）球和 3 型（慢速）球。

购买时，各人应按照自己的财力和用途对简装球或散装的练习球进行选择，并要注意外观、弹跳性和软硬度等。在练习和比赛过程中尽量避免让网球碰到水，不打球时要将其置于阴凉干燥处。

（二）网球拍

如今，网球爱好者选择铝合金和碳素合成的网球拍较多，铝合金网球拍价格便宜、耐用，比较适合初学网球者。当技术水平有了一定长进时，网球爱好者应该选择一把碳素合成的网球拍，这在一定程度上有助于球技的进一步提高。

1. 网球拍的指标

以下主要介绍网球拍的各种指标。

（1）拍面

不同大小的拍面有不同的特点。小拍面需要有很精确的击球点，挥动灵活，击球力量集中；中等拍面打底线时球感较好，网球容易控制，因此大多数网球爱好者和网球选手喜爱用中等拍面的网球拍；大拍面在网前截击时比较有把握，有些大拍面的网球拍弹性很好。

（2）拍长

网球拍长度的选择标准：一是使用者的身高，二是使用者追求的打法特点。一般来讲，身高与网球拍长度成反比。选手为弥补身高的不足，可以选用加长的网球拍。从打法类型来看，也有底线型选手用加长拍，上网型选手用非加长拍的说法。网球拍的长度一旦按选手身高条件和打法类型确定后，就不应随便进行改动。

网球拍长度有以下两种。

①68.5 厘米（27 英寸）为标准长度。

②68.5 厘米（27 英寸）以上的网球拍为加长球拍，通常认为加长球拍在球拍力量、发球威力方面有所增加，但会损失在网前截击的灵活性。

当一只球拍比较长而且头比较重的时候，无论你第一次拿起这支球拍时感觉有多轻，它加长的长度和平衡点都会增加挥拍的重量。这两点都能够增加击球的力量，但是也会使灵活性变差。①

（3）拍厚

通常认为，网球拍的厚度越厚，网球拍越不容易变形，力量就越大，灵活性越差；反之亦然。

（4）材质

现如今，不管网球拍采用何种材料制成，真正决定网球拍质量的核心要素都在于碳素材料本身的品质以及不同碳素材料间相互搭配与设计的巧妙程度，因此可以说现如今仍是一个碳素网球拍的时代。优质的碳素材料和巧妙的设计搭配是构成高性能网球拍的关键所在。

（5）质量

在网球技术的理论框架下，网球拍的质量与球员的技术力量和能力之间存在密切的关联。具体而言，随着球员球技与能力的不断提升或变化，其使用的网球拍的质量也应进行相应的调整与改变，以适应其技术特点和发展需求。

网球拍的质量有以下几种类型。

①空拍重 260 克以下的网球拍只适合力量较小的球员和中老年初级业余球员，使他们可以轻易挥动球拍，将球打回去，但在回击硬球时，网球拍质量的不足通常会导致网球拍被球打翻。

②空拍重 260 ～ 300 克的网球拍适合力量中等的初、中级球员，是目前国内使用最多的网球拍。

③空拍重 301 ～ 320 克的网球拍适合力量中上的中、高级球员使用。

④空拍重 321 克及以上的网球拍适合力量强大的高级球员使用。

（6）硬度

网球拍硬度的数值越高，意味着在网球撞击拍面时，球拍的变形程度越小。这种情况下，网球拍本身能够传递的力量会更大。然而，这样的网球拍在击球时，由于力量大，球在拍面上停留的时间会相应缩短，对球的方向进行控制的时间减少。力量小的初级球员的第一目标是把来球打回去，因此应选择高硬度的威力球拍；力量大的中高级球员的第一目标是把球控制住，因此应选择低硬度的控制球拍。

（7）挥拍速度与长度

在网球比赛中，若球员发现对手回球速度偏慢，同时自身的力量不够强大，

---

① 赵方晔. 关于加大网球选手正手击球力量的研究［J］. 山西农业大学学报（社会科学版），2003（1）：94-96.

那么选择挥拍速度较慢且长度较短的网球拍会更为合适。相反，如果对手回球速度较快，而自身的力量较强，那么挥拍速度较快且长度较长的球拍将更有利于运动员掌控比赛节奏。

2. 网球拍的类型

按照制造材料进行划分，网球拍主要分为木质球拍、铝合金球拍、钢质球拍和合成材料（尼龙、石墨、碳素、钛等）球拍几种。在 20 世纪 60 年代，网球拍主要由木质材料制成，具有其独特的传统魅力。然而，随着科技的进步和运动的发展，网球拍的材质在 20 世纪 70 年代迎来了重大变革。金属材质的网球拍凭借其优越的性能逐渐崭露头角，并迅速占领了市场的主导地位。进入 20 世纪 80 年代，碳素、石墨等新的合成材料被广泛应用于网球拍制造，网球拍制造工艺有了新的突破，由于采用了新材料，减轻了网球拍的质量，同时也减小了击球时的振动。

时至今日，网球拍的材质已经实现了跨越式的发展。碳纤维、玻璃纤维、克维拉纤维、高张力碳纤维、钛等复合材料，或是单独使用，或是相互结合，已经在全球范围内得到了广泛应用。这些先进的复合材料之所以备受青睐，是因为它们相较于木材或铝材，在质量、硬度、强度以及冲击和振动吸收能力等方面均表现出色。

（三）拍弦

许多网球爱好者对选择网球拍很重视，却忽视了网球拍弦的重要性。下面具体介绍选择网球拍弦时需要注意的要素。

1. 拍弦的材质

一般来讲，按拍法的材质进行划分，可以将拍弦分为天然肠衣弦和复合材料弦两种。

天然肠衣弦是用羊、猪、牛的小肠制作的，是绝大部分运动员公认的击球感觉最好的弦，但其缺点是价格贵，并且容易损坏，对气温和湿度较敏感。

复合材料弦的质量差异很大，它是指由各种纤维丝结构组成的弦，分为空心和实心两种。复合材料弦寿命长，受潮湿的影响小，而且好的复合材料弦球感也十分不错。

当前，子母弦因其独特的特质而深受大众喜爱。子母弦，顾名思义，是指竖弦与横弦在材质上有所区别的一种弦具。在材料选择上，竖弦通常采用聚酯弦，这种弦材质较硬，具有较强的稳定性，能有效防止跑线现象的发生；而横弦则选用弹性更佳的弦材，主要包括复合材料弦、仿肠衣弦和肠衣弦三种类型。其中，若横弦采用的是肠衣弦，那么整个子母弦的价格往往相对较高。

2. 拍弦的粗细

网球弦的标准规格是参照美国线规（AWG）设定的。具体而言，15 标准规格的弦相较于 16 标准规格的弦要粗 12%，而 16 标准规格的弦又比 17 标准规格的弦粗 11%。

3. 拍弦的强度

拍弦的强度是指网球运动员在球拍厂商建议的强度范围内所选择的具体拉力值。这一强度受到多种因素的影响，包括弦本身的松紧度、穿弦机的性能以及穿弦者的技术水平等。

一般而言，拍弦拉得越紧，网球拍对网球的控制能力就越好，但相应的弹力会减小；相反，如果拍弦较松，网球拍对网球的控制能力会相对降低，但弹力会增大。为了找到最适合自己的击球感觉，现在很多网球运动员会根据自己的习惯为竖弦和横弦选择不同的强度。通常，横弦会比竖弦拉得稍紧一些，以取得最佳的击球效果。

（四）网球背袋

网球背袋无疑是网球爱好者不可或缺的装备之一。这个实用的背袋能够容纳网球拍、网球等必要的用品，为网球运动提供便利。对于网球爱好者来说，拥有两把相同型号的网球拍是明智之举。这样在比赛或练习过程中，一旦遇到网球拍断弦等突发情况，可以立即替换，确保运动的连贯性和效果。因此，一个容量较大的网球背袋显得尤为重要，它能够满足网球爱好者随时更换球拍的需求。对于球技较高的网球爱好者来说，他们的网球背袋中通常会携带两只以上的球拍，以便根据比赛或练习的需要灵活选择。一个网球背袋最多可以容纳大约六只球拍，为网球爱好者提供了充足的装备选择空间。

（五）网球服装

在网球运动中，网球运动员首要考虑的是穿着舒适且便捷的衣服。回顾早期网球赛事，对运动员着装的要求颇为严格。男性运动员常身着带有翻领的短袖网球衫，即我们常说的 T 恤，下身则搭配网球短裤，展现出规范而专业的形象。女性运动员则倾向于选择 T 恤、短袖衬衫或无袖背心等款式，下装则通常为网球裙，主要以纯洁的白色为主调，这些服饰不仅满足运动需求，而且凸显了她们作为运动选手的活力与力量。随着时代的变迁，如今的网球比赛在着装方面给予了运动员更多的选择，不再局限于特定的颜色或款式。运动员可以选择没有衣领、衣袖的服装，甚至可以自由选择各种颜色，充分展现个人风格和品味。

（六）网球鞋袜

网球运动以其急停、急起、快速变向等特点著称，这些特点对网球鞋的设计和使用提出了较高的要求。在网球运动中，前脚掌不仅是主要的支撑点，还是运动员重心的集中位置，因此网球鞋的前脚掌部位往往承受着最大的压力，这就要求在网球鞋的设计中特别关注该部位的耐用性和舒适度。此外，网球鞋的鞋底需具备出色的耐摩擦性能，以确保在长时间的激烈运动中能够保持稳定。同时，鞋子的内垫也需要具备良好的支撑性和回弹性，为网球运动员的脚部提供保护和支持。随着科技的不断发展，网球鞋的制作工艺和质量得到了显著的提升，为网球运动员提供了更为优质的运动体验。网球袜则以其吸汗、舒适的特点为网球运动员在比赛中保持良好的脚部环境提供了支持。在网球运动中，有这样一句广为流传的话："网球是用脚来打的"，这强调了跑动在网球运动中的重要性。因此，专业的网球鞋袜对于提高网球运动员的脚部运动效率和舒适度至关重要。网球爱好者应当选择一双专业、合适的网球鞋，以充分发挥自己的运动潜能。

1. 网球鞋

（1）网球鞋的分类

随着技术的进步，现代网球鞋的设计变得更加注重智能和科学，也具备了很多不同的功能，有助于增强跑步时的移动能力。

在过去，网球鞋都是白色的，鞋帮也较低。自从20世纪80年代开始出现高帮篮球鞋并受到人们的广泛欢迎之后，网球鞋也出现了高帮的设计。然而，篮球和网球的打法和发力方式有所不同：打篮球需要身体的下肢使用弹跳的方式；打网球需要进行前后左右方向的移动，发力的重心也比较低。针对高帮网球鞋不适合网球运动的问题，一些专家又按照网球的运动特点设计了中帮网球鞋。这种鞋运用了条件反射的原理，当网球运动员动作时，中帮网球鞋的低凹处就会触及脚踝下部，可以提醒网球运动员要多注意运动的动作，防止受伤，从而有效保护了网球运动员的身体。

按照场地表面的不同性质，有不同类型的网球鞋供室内和室外使用，以及在硬地和沙地上使用。通常而言，室内网球鞋的鞋底条纹比较细致，而室外网球鞋的鞋底条纹比较粗大。底面较硬的球鞋和场地表面的摩擦力比较大，因此鞋底比较厚，也比较耐磨。沙地地面和沙地鞋之间的摩擦比较小，可以使用滑步的技术，因此鞋帮和鞋底的材质可以使用普通橡胶。

（2）网球鞋的正确使用

①避免长时间穿同一双网球鞋，最好备有两双相同的网球鞋，可以在出现问题后进行更换。

②在不进行网球运动时，要脱掉鞋子，这样能够有效减少磨损。

③每次结束网球运动之后，将鞋子放在通风干燥处，以有效防止球鞋滋生多种类型的细菌。

④在打网球的过程中，要保证网球鞋的干燥。不要在有积水的场地或下雨的环境中进行运动，这样会在一定程度上影响网球鞋的使用体验和使用寿命。

2. 网球袜

要保持运动的舒适度，除了选择合适的网球鞋外，一双舒适的网球袜同样扮演着举足轻重的角色。在网球运动中，专家普遍推荐打球时穿上网球袜，这一做法也得到了众多职业网球选手的认可。尽管网球鞋的设计已经尽可能追求舒适，但终究难以完全贴合每个人的独特脚型。因此，选择一双质量上乘的网球袜，用以填补网球鞋与脚部之间的缝隙，显得尤为重要。这样不仅可以提升运动后的脚部舒适度，还能有效减少异味，使网球鞋与脚部更好地融为一体。此外，稍厚的网球袜能够更好地保护脚部底部及不同部位，特别是对跟腱部位能够起到重要的保护作用。

优质的棉质网球袜，从脚趾到脚跟都采用了厚实的设计，穿上它仿佛被柔软的毛巾包裹，给予脚部极致的舒适感。同时，网球袜在脚与鞋之间形成了一道缓冲层，有效减轻了地面冲击对脚部的影响。有些球友可能觉得在网球袜上"奢侈"有些不必要，但实际上，随着年龄的增长，脚底的脂肪层会逐渐变薄，因此为了维护脚部健康，投资一双高品质的网球袜是十分值得的。

有些网球袜脚面部分也进行了加厚处理，这也是考虑到了缓冲作用。

虽然网球袜质地相对厚实，有些人担心在夏季打球时穿它会感到炎热，但实际上，网球袜设计者在研发过程中已充分考虑到除湿性能。现代的棉质网球袜融入了众多透气、吸汗的特殊纤维，这些纤维能有效吸收汗液，控制湿度，确保双脚在运动过程中保持干爽。值得一提的是，人体脚部的汗腺比身体其他任何部位都更为发达，因此仅仅追求网球袜的"薄"并不足以控制运动时汗液的分泌。只有选择能够真正吸收并带走湿汗的网球袜，才能确保在炎热的夏季也能拥有舒适的打球体验。

网球运动员经常需要大范围的快速奔跑、起动、急停，一切都得靠双脚，因此不能对网球袜的作用有所忽视。

（七）吸汗带

吸汗带主要分为两种类型：皮革吸汗带与毛巾布吸汗带。皮革吸汗带以其出色的防滑性能著称，但其价格偏高，导致现在使用的人较少。相比之下，毛巾布吸汗带因其强大的吸水能力而备受青睐，但它也存在一个缺点，即汗水容易在毛巾布上结块。

在网球运动中，网球运动员由于出汗较多，手握网球拍拍柄时往往会出现打滑的情况。为了解决这个问题，许多网球运动员会选择在拍柄上缠绕吸汗带。这样不仅能有效吸收汗水，还能增强拍柄的防滑性能，从而提高打球时的稳定性和舒适度。

（八）减震器

减震器的主要功能是降低击球时球拍震动给手部带来的冲击力。尽管安装减震器并非强制要求，只是取决于个人的实际需求，但一旦决定安装，就必须按照规定的步骤正确进行。安装规定明确指出，减震器应安装在纵向弦线和横向弦线交错之外的区域，避免在弦线重合部分进行安装。

减震器不仅有助于减小震动，还能有效缓解因震动幅度过大而对手臂和手部造成的不良影响，进而预防网球肘等职业损伤。此外，减震器还具备调节球拍弹性的功能。例如，当弦线磅数设置得过高时，可以利用减震器进行调整。然而，需要注意的是，安装减震器后球拍会产生一种更"木"的手感，因此并非每位球员都习惯使用，尤其是那些依赖自身手感调节的职业选手。

（九）其他装备

除了必要的网球装备外，还有一些辅助装备也能够提升爱好者的运动体验。例如，网球帽和护腕等物品在网球运动中同样扮演着重要的角色。

网球帽不仅能在阳光下为网球运动员遮阳，还能有效固定头发，避免发丝干扰视线。在阳光明媚的日子里打球时，佩戴一顶网球帽显得尤为必要。护腕则是保护腕关节的重要装备。在长时间的网球运动中，护腕能够降低腕关节的运动损伤风险，同时也可作为擦汗的便捷工具，让球员在比赛过程中更加自如地发挥。

第三节 网球运动的特点与价值

一、网球运动的特点

网球运动自诞生的数百年来，由最初的皇家贵族运动发展成为一项现代老少皆宜的大众体育项目，与其本身所具有的特点是分不开的。网球运动有以下几个特点。

（一）快速有力的空中击球

无论是在正式的网球比赛中，还是在休闲的网球游戏中，各种击球方式都需遵循一个基本原则：必须用拍子击打空中球或地面反弹球。无论是接对手击过网的球，还是自己发球，都需要先将球抛起，然后精准地击打到对方的发球区内。

空中击球快速有力，使得参加网球运动的人在时间和空间感觉上得到很大的锻炼和提高。

（二）独具一格的发球方法

根据网球运动规则，参与比赛的双方在一局比赛中，会有一方连续发球直至该局结束，这样的局被称为发球局；在每一次发球过程中，网球运动员都拥有两次机会。若首次发球失误，仍有第二次发球的机会，这样的规定大大增强了发球的威力。无论是男性运动员还是女性运动员，他们的发球时速都能达到约 200 千米每小时。因此，在双方实力相当的情况下，发球方往往能够占据一定的优势。

（三）与众不同的记分方式

在每局网球运动比赛中，采用 15、30、40、平分的记分方法，每盘比赛 6 局。以 15 分为单元的记分法始于中世纪。按照天文六分仪的规定，将一个圆分成六等份，每份为 60 度，每度 60 分，每分 60 秒。相反，4 个 15 秒为 1 分，4 个 15 分为 1 度，4 个 15 度为 1 份，于是把 4 个 15 提出来作为常数，即赢得 1 分球记15，赢得 4 分球为 1 份，赢得 4 份为 1 盘。后来，将每盘比赛改为 6 份，成为 6 局，刚好是一个完整的圆。因此，网球比赛的计分方式进行了调整：获得 1 分被记录为 15，得 2 分则记为 30，而得 3 分则标记为 40（这其实是 45 的简化表示）。当双方选手的得分都达到 40 分时，称为平分，意味着要赢得该局，一方必须再净胜 2 分。若有一方选手率先赢得 6 局，则该选手即胜一盘。如果双方各胜 5 局，出现平局，那么其中一方必须净胜两局才能赢得该盘，这种计分方式被称为长盘制。根据国际网联的规定，当局数达到 6 平时，第 13 局将采用决胜局记分制。在这种制度下，率先获得 7 分的选手将赢得该局及该盘。若比分达到 6 平后，仍需净胜对方 2 分以胜出该局及该盘，这种快速的计分方式被称为短盘制，主要目的是缩短比赛时间、提高比赛效率。

（四）难以控制的比赛时间

网球比赛不管是正式的比赛还是平时的娱乐，当比赛双方实力接近时，要想分出胜负将耗费较长时间。正式的网球比赛为男子五盘三胜、女子三盘两胜。通常，网球比赛的时间会持续 3 到 5 个小时，但历史上曾有过一场特殊的比赛，其持续时间竟长达 6 个多小时。由于比赛时间过长，有时甚至会持续到深夜，赛事组织者不得不选择中断比赛，将其延续至第二天继续进行。这种难以控制的比赛时间或许正是网球魅力的一部分，因为它让网球运动员能够完全掌控比赛的节奏和进程，展现出他们的技艺和策略。

（五）比赛强度大

一场势均力敌的比赛，由于比赛时间过长，要求双方运动员有充沛的体力。在所有的隔网对抗体育项目中，网球比赛以其独有的特点脱颖而出，那就是其场上的人数密度相对较低。曾有专业人士对这一特点进行过详细的统计研究，他们发现，在一场水平相当、紧张激烈的网球比赛中，男子选手的跑动距离接近 6 000 米，而女子选手的跑动距离也能达到 5 000 米。同时，双方选手的挥拍次数更是高达上千次，充分展现了网球运动的高强度与竞技性。

如此高的比赛强度在其他竞技比赛中是难以看到的。因此，参加网球比赛对运动员的体力、意志力和心理素质的要求都比较高。

（六）心理素质要求高

在网球比赛中，除了团体赛在交换场地时教练可以进行场外指导外，其他任何时候的比赛均禁止教练进行任何形式的指导，包括手势指导。整个比赛全靠个人独立作战，运动员必须有良好的心理素质，才能取得比赛的胜利。

（七）运动适宜人群普遍

网球是世界上最流行的运动项目之一，它不仅能够有效地帮助运动者消耗多余的热量，还能带来极大的乐趣。更重要的是，网球并不要求运动者拥有完美的身材，这使得它适合大多数人参与。无论是男性还是女性、年轻人还是老年人，都能在网球场上找到属于自己的位置。①

二、网球运动的价值

（一）增强人体的体质

网球运动是典型的以有氧为主、无氧为辅的运动项目。定期参与网球锻炼有助于身体各器官、系统功能的均衡发展，以及各项身体素质和活动能力的全面提升，从而持续增强个人体质。值得一提的是，网球运动对骨骼、肌肉、内脏器官和神经系统的正常发育具有显著的促进作用，有助于形成正确的身体姿态。此外，网球运动还能有效改善心血管系统的结构和功能，使心肌更加强健有力，增加心容量，提高每搏输出量，并有助于减缓心率和降低血压，经常锻炼还可以增强血管壁的弹性。此外，网球运动还可以使呼吸肌得到锻炼，从而使胸部发达，肺活量增加。网球运动可以有效地提高练习者的柔韧性、协调性、灵敏度、力量、耐力等。网球运动的技术要求高，必须手、脚、脑并用，经常打网球能够增强人的灵活性，提高人的反应速度，使人年轻、有朝气、有精力，防止老年痴呆，提高人体各系统的机能，从而提高预防疾病的能力。在网球场上，经常可以看到老年人与充满朝气的青少年进行同场竞技。

长期参加网球运动，人体各运动器官都能够得到发展，从而使肌肉发达、结实、健壮，骨骼变得粗壮坚固，关节更加灵活稳固；掌握的动作越多，各种肌肉、关节发展越协调；人体的反应更快，四肢灵活、柔韧，人体更健美。

在网球运动中，网球在空中飞行的速度是很快的。这要求网球运动员具备全面的观察能力，对来球的方向、速度、落点等要素进行精准把握。在观察的基础上，网球运动员需要迅速作出判断，并立即采取相应的对策，这包括快速移动步法、灵活调整击球位置和拍面角度等。由于这些变化十分复杂，网球运动员在打球时必须保持思想集中，同时确保神经系统处于良好的兴奋状态，以应对各种挑战。

因此，经常参加网球运动能有效提高中枢神经系统的反应能力，促进人体各方面的协调性和灵敏性，使人头脑灵活。

（二）锻炼良好的心理素质

在网球比赛的激烈对抗中，选手通过巧妙的进攻与稳健的防守，不断控制与反控制局面，这不仅是一场智勇的较量，还是一次意志品质和心理素质的锤炼。

---

① 张振国，钟明宝，张欣欣. 网球锻炼的价值［J］. 当代体育科技，2013，3（5）：121-122.

这种比赛方式有助于培养选手顽强拼搏、积极进取的作风，以及胜不骄、败不馁的品质；同时，也有利于增强选手面对各种困难和挑战时的勇气，让他们在比赛中不断成长和进步；此外，还有利于培养选手诚实公正的思想作风和光明正大的良好品德。

通过频繁参与网球运动的训练和比赛，人们能够掌握诸多调控情绪和调节心理的技巧和方法。当面临连续失误时，他们要学会如何迅速恢复冷静，鼓舞自己坚持到底，不放弃每一分；在比分落后的情况下，他们要懂得如何保持镇定，不轻易气馁；而当比分领先时，他们则要保持谦逊和专注，一鼓作气争取赢得比赛；在比分胶着的关键时刻，他们会更加坚定地展现自己的进攻实力，充满自信地面对挑战。

（三）陶冶良好的情操

练习网球运动需要对手的配合，通过网球运动不仅能够交流球艺、增进友谊，而且还能够培养人们相互信赖、团结协作、密切配合的合作意识。它还是一项新的社交活动，可以促进人与人之间的沟通和理解，不会有年龄的障碍、性别的阻挡和门第的高低。人们在网球场上挥舞着球拍，网球犹如编织的梭在空中飞来飞去，在人们的欢声笑语中编织出一幅友谊的画卷。网球比赛的紧张氛围和激烈竞争为练习者提供了心理素质的绝佳锻炼机会。在竞争过程中，他们的进取精神得到强化，智、勇、技在激烈的对抗与竞争中得到进一步的提升和升华。经过这样的锻炼，他们能够在关键时刻保持冷静，从容应对各种挑战，不仅智慧得到了增长，心理素质也得到了显著提高。这种经历不仅让练习者在网球运动中更加游刃有余，还使他们能够以成熟、稳健的心态去面对生活、事业、家庭以及荣辱得失。在锻炼的过程中，他们自觉地陶冶自己的情操，提升思想修养和艺术修养，将外在的优雅与内在的品质完美地融合在一起，展现出更加完整、更加美好的自我。

理解和尊重网球场上的一切人和物是参与网球运动最起码的行为准则和道德标准。练球时，使用频率最高的两个词是"谢谢你""对不起"；当球滚到邻场，而邻场正在练球时，要等到死球时才能进场捡球；在比赛过程中要看一看对方是否做好接球的准备，然后才能发球；比赛结束后无论胜负，都要主动和对手及裁判员握手。

网球运动是一种绅士运动，观众与运动员应互相尊重，观众在观赏比赛时应注意以下几点。

①比赛期间，只有当运动员交换场区、局间休息时，才可以在观众席进行短

暂的走动或离场。

②观看比赛时，应尽量避免携带会发出声音的物件，如哨子等；比赛过程中，应关闭手机或将手机设置为震动状态。

③当球处于"活球"期时，应保持安静状态，切勿大声喧哗。

④当一分决出胜负后，观众才可以给予掌声鼓励。

（四）培养勤奋好学的优秀品质

网球运动无疑是一项对技术要求颇高的体育项目。对于初学者来说，在宽广的网球场上掌控球的运动轨迹绝非易事。在刚开始接触网球运动时，很多人会遇到碰不到球或者将球打出界外的问题。尽管如此，网球所散发出的魅力却是无可抵挡的，但想要真正精通这项体育运动也并非易事。因此，初学者需要用心学习网球运动的基本技巧，不断地向教师和球友请教，通过勤奋的练习和刻苦的钻研，逐渐提高自己的技术水平。只有这样，才能在网球场上展现出自己的风采，享受这项运动带来的乐趣和成就感。

（五）丰富的娱乐观赏性

网球运动技术的千变万化使其有很高的观赏性，彰显出网球运动的力与美。对于观赏者来说，这宛如品味一首动人的诗篇，又似欣赏一幅悦目的画卷，令人心旷神怡，陶醉其中，久久不愿离去。当运动员在竞技场上凭借自己的能力、才智、战术和风格，创造出独特的美、展现出非凡的表现力时，观众不仅能够欣赏到他们精湛的技艺，还能感受到他们顽强的精神风貌。这种情感的陶冶使观众在欣赏比赛的同时，也获得了心灵的升华。

网球运动具有极高的观赏价值，并且当亲身参与其中时，更能直接体验到那份独特的欢乐与满足。作为一种娱乐运动，网球让参与者在球的来回对击中，通过不断变换的移动姿势和身体姿势，努力将球击入对方场地。每当成功击出一个精彩好球或赢得一分时，那种兴奋与喜悦之情溢于言表，让人感受到成功的喜悦。此外，网球运动中的球路变化多端，既有速度的快慢，又有力量的轻重，还有巧妙飘转的技巧，使得这项运动本身充满了无尽的乐趣与挑战。

（六）最有效的减肥手段之一

随着社会经济的发展和人们闲暇时间的增多，网球爱好者队伍不断扩充，其中有相当一部分是为了减肥、塑造优美体形而参加这项运动的。在网球场上，运动员需要根据比赛节奏不断地进行快慢交替的跑动。因此，网球运动主要是一项以有氧代谢供能为主导的耐力性练习项目。从这个角度来看，网球运动虽然与跑步有相似之处，但相较于跑步可能带来的枯燥乏味，却蕴含着无穷的乐趣，让人"百练不厌"，甚至可能成为人们终身的运动选择。然而，要想有效而健康地通过网球运动塑造身形，就必须学会适当地控制运动量，确保不过度消耗体力，同时还要保持坚持不懈、持之以恒的训练态度。只有这样，才能真正享受网球运动带来的身心双重益处，让这项运动成为日常生活中不可或缺的一部分。总体而言，进行网球运动要做到以下几点。

①场上活动时，对运动强度和运动量进行控制。

②保持合适的每次上场练习时间。

③确定每周固定的练习次数，并持之以恒。

④通常坚持练习 1 ～ 2 个月后，体重会得到显著减轻，但之后体重下降速度会缓慢下降。这时必须继续保持练习，并且不可加大运动量。

第二章　高校网球教学的基本理论

在高校体育教育中，网球教学已经成为不可或缺的一部分。高校网球教学的基本理论是网球教学实践的重要基础，它不仅能够指导教师更好地进行网球教学，还能够帮助学生更深入地理解和掌握网球运动的精髓。本章围绕高校网球教学的理论与目标、高校网球教学的原则与功能、高校网球教学的组织与实施等内容展开研究。

第一节　高校网球教学的理论与目标

一、高校网球教学的理论

（一）网球运动认知理论

开展高校网球教学活动的过程也是对学生的运动能力进行提高和发展的过程。通常而言，高校网球教学活动应当认真遵循有关学生认知活动的多项固定规律，因此教师在高校网球教学活动过程中应当注意以下两方面：一方面，教师应当引导学生在网球理论知识和网球技术表象之间构建稳固的联系，确保身体练习在网球"知识—表象"的定向作用下有序开展。另一方面，教师应当充分发挥认知活动的作用，以此来激发学生参与网球运动的积极性。

（二）网球动作技能形成与发展理论

在高校网球教学中，不同方面的理论知识均可发展成很多特定技术的依据。只有全面认识和掌握网球运动技能的形成过程，才能立足理论层面为高校网球教学内容的设计提供切实有效的指导。在高校网球教学中，网球动作技能形成与发展理论的常见内容如下。

1.认知心理学理论

当人体感觉器官接收输入的信息后，必须通过动觉才可以意识到自己身体的运动，因此认知心理学就是立足加工信息来对产生运动技能的全过程进行分析和说明。运动技能的形成过程可以划分成三个连续的阶段，依次是感受、转换、效应器。分析运动员形成运动技能的整个过程可以发现，知觉正确与否对运动员而言特别关键，感觉信息太多或太少都会导致出现错误的知觉判断。感觉信息经过短时记忆转入第二阶段——从知觉到运动的转换。第二阶段的活动意义是对感觉做出反应、激起效应器的活动。效应器的活动可以借助反馈获得对运动的校正或有效增强。有关研究证实，练习产生的运动图式可以在长期记忆中被存储。运动图式就是基于长期系统的练习产生的具备组织性特征的知识。对于包括钢琴、打字在内的细微型操作技能而言，想要熟练掌握就必须经过 1000 ~ 1500 小时的练习，这里所指的熟练是指一般性的熟练，具体而言就是练习者可以熟练运用这项技能。对于竞技运动领域来讲，只有拥有丰富经验的运动员，才可以在比赛中把日常训练中遇到的很多种情况和处理方式构成很多套运动图式，这些运动图式会伴随运动员比赛次数和训练次数的增多而朝着多样化方向发展。

经过长时间的练习，大脑的运动图式会展现出两大显著特点：一是极高的稳固性，二是出色的灵活性。具体而言，当面对某一特定刺激时，大脑能够迅速且准确地调用与之对应的运动图式。同时，在调动和运用脑海中存储的运动图式来指导一个或多个连续动作时，运动员能够根据环境的实时变化灵活调整，展现出多种动作变式。因此可以推断，在网球运动实践中，运动员所展现出的各类动作技巧都源于他们大脑中特定的运动图式。

2. 经典条件反射理论

杰出的生理学家伊万·彼德罗维奇·巴甫洛夫经过深入研究，提出了经典条件反射理论，这一理论为后续的高级神经活动学说的构建奠定了坚实的基础。巴甫洛夫指出，个体在生命历程中所展现出的教养与纪律性，实际上是一系列条件反射逐步积累的结果。从整体来看，巴甫洛夫所描述的条件反射属于"刺激型条件反射"的范畴，其核心特征是刺激先行，随后产生相应的应答行为。当强化物与刺激紧密结合时，原本无关的刺激会逐渐转化为条件（信号）刺激，进而触发特定的反应。在实验过程中，强化作用的重要性尤为凸显，它显著增强了刺激与反应之间的联系，使得条件反射更为稳固和可靠。

此外，巴甫洛夫还指出，产生条件反射的神经机制是大脑皮层暂时性神经联系接通的过程，他把无关刺激与非条件刺激的结合过程理解成"强化条件反射会伴随强化次数的增多而日益巩固，倘若很长时间内都不实施强化，则已经产生的条件反射会呈现逐步消退的趋势，已经形成的神经联系会随之中断"。因此，产生运动技能是建立运动动力定型所产生的结果。

3. 连破反应理论

网球动作技能形成与发展理论对运动技能的形成能够采取"刺激—反应"公式的连锁反应系列来分析和说明。运动技能可以理解成动作的连续反应：刺激引起反应，首个动觉反馈调节第二项动作，第二项动作的动觉反馈对第三项动作具有一定的调节作用……最终产生了运动技能的连续性运动。

4. 操作条件反射理论

伯尔赫斯·弗雷德里克·斯金纳是美国新行为主义心理学派的代表人物，他成功通过实验与研究提出了操作条件反射理论。斯金纳提出的操作条件反射是一种具有代表性的"反应型条件反射"，最明显的特点是操作发生在刺激前，强化物和反应进行有机融合，其中强化物的作用主要是增加操作强度或增大操作发生的概率。完成有关操作以后，通常会反映出强化次数，进而大幅度增加操作的强度，倘若一直没有被强化，则会使产生的操作逐步消退。分析斯金纳的操作条件反射理论可以发现，其中不但包含巴甫洛夫条件反射中接受刺激、被动强化等特征，而且还包含获得刺激、主动反应、提高操作概率等特点。操作条件反射理论可以相对高效地阐明对抗性训练的创造性动作组织的理论问题，尤其是已经具备特定技能的较高阶段训练的理论问题。[①]

（三）网球运动技能开放性与对抗性理论

体育运动包含许多种类型的技能，运动员掌握这些运动技能的手段通常存在或多或少的差异。对网球运动而言，由于这是一项隔网对抗性运动项目，因此影响网球技术运用的决定性因素是运动实践中攻守关系的转换，不存在固定状态的程式，因此网球运动技能是具备开放性特征的运动技能。在高校网球教学实践中，应当严格遵循并贯彻网球运动技能的学习规律与认知规律，充分结合关闭式技能与开放式技能，合理选用与之对应的手段，充分重视对运动员应变能力、预测判断能力、意志品质、攻防隔网对抗能力等的培养。

（四）网球运动中人体生理机能活动变化规律

从本质来看，网球教学是指网球教师组织学生参与网球运动实践的整个过程，身体练习是学生掌握各项网球运动技能的一项有效措施。在身体练习的整个过程

① 吴焕群. 中国乒乓训练原理研究［J］. 北京体育大学学报，2004（2）：145-154.

中，必须认真遵循人体生理机能活动的变化规律。对于高校网球教学活动的整个过程而言，人体生理机能活动会由安静状态迅速过渡到工作状态，运动员的工作能力会得到持续提升，由此过渡到最高水平，随后再慢慢降低。长期系统的身体活动练习会在一定程度上提升学生的身体素质和网球运动技能水平，有效改善学生的身体运动机能。由此可知，严格遵循人体生理机能活动变化规律，不仅可以有效改善网球运动的教学效果，还可以对运动员身体素质的提升产生积极作用。

二、高校网球教学的目标

（一）长期目标

国外研究显示，长期目标的设定以一年为期限最为恰当。在这一框架下，教师会结合学生球员的技术专长，详细列出其独有的技术特点。随后，学生球员、教师以及学生球员父母三方将共同参与、共同规划学生球员全年的目标。这包括确定一年内计划参加的各项比赛，以及在各自的年龄组中设定争取达到的名次和排位目标。同时，为了确保这些目标的顺利实现，还会制订相应的训练计划，以确保学生球员在技术和体能上都能得到有针对性的提升。

（二）训练计划

训练计划是根据特定目标精心制订的，旨在帮助学生球员全面提升竞技能力。训练计划的内容涵盖了多个方面，如针对技术弱点的弥补与修正、比赛策略的学习与理解，以及在模拟比赛训练中如何熟练运用各种技战术和策略。为确保训练计划能够更有效地助力学生球员明确并达成目标，教师可以按照学生球员的实际训练效果和比赛赛程，在一年内对训练计划进行 1 至 2 次的调整。

（三）技战术目标

技战术内容包括发球、接发球、底线、网前、穿越等五个主要部分，教师应评估学生球员这五部分技战术水平，设定提升的目标内容，具体如下。

1. 发球

①提高一发威力，保持一发成功率。

②改进一发质量，增加一发后用正手衔接进攻的机会。

③提高二发攻击对手反手的能力。

2. 接发球

①提高接一发深球的成功率。

②增强反手接二发的能力。

3. 底线

①正、反手可以打出稳定的底线深球。

②可以熟练地用正手建立优势和发动进攻。

4. 网前

①随球上到网前能打出高质量的反手削球，落点要深。

②中场第一截击低位过网、落点深。

③可以打出稳定的高压球。

5. 穿越球

①当对手上网时，在压力下能冷静地打好穿越球。

②可以熟练地用上旋高球吊打对方后场。

以上技战术提升的目标是学生球员必须具备的基本技能，对整体技战术目标来讲，球员得用更多的技能、精力和毅力去面对各种挑战。

（四）短期训练目标

教师结合长期目标，制订短期（每天、每周）的训练目标。制订每节训练课的具体目标至关重要，尤其是在赛前阶段或过渡阶段，为每节训练课设定明确的目标十分重要。这样做不仅有助于教师更加有计划、有系统地开展训练工作，还能使学生球员深刻理解训练的意义和目的，从而更加积极地参与到训练中来。学生球员的自觉性将因此得到强化，进而提升训练的整体效果，确保学生球员在比赛中能够发挥出最佳水平。

（五）体能目标

针对学生球员的年龄和发育状况，量身定制体能训练目标，确保训练内容全面且精细。这包括耐力、速度、爆发力、协同性、敏捷性和柔软性等多个方面的详细训练内容。每周都要详细记录学生球员训练情况，以便及时跟踪和调整训练计划。值得一提的是，学生球员的体能训练必须严格遵循国际网球联合会体能训练准则，以确保训练的科学性和有效性。

（六）心理目标

心理目标可分为训练心理目标和比赛心理目标两大类。这些目标的设计应追求简洁实用，确保学生球员在训练或比赛结束后能够清晰地描述自己达到心理目标的程度。通过这种方式，学生球员能够明确地认识和评估自己的心理状态，从而更好地调整心态，提升竞技水平。

1. 训练心理目标

①训练前做好热身准备。

② 100% 投入训练中。

③意志坚强，不被困难和失败吓倒，能意识到"犯错"是学习的一部分。

2. 比赛心理目标

①比赛中始终根据自己的节奏进行比赛。

②比分落后时不心浮气躁、不沮丧气馁，多花点时间让自己的头脑冷静。

③养成比赛后写小结的习惯，这是积累经验、吸取教训的好方法。

第二节　高校网球教学的原则与功能

一、高校网球教学的原则

（一）一般原则

1. 直观性原则

直观性原则要求网球教师积极利用学生感官和已有经验，通过听觉、视觉和肌肉本体感觉来促使学生更好地感觉、认识和理解网球技战术。直观认识是深入理解和学习的基础，这对学生更好地学习和掌握网球技战术有着非常重要的意义。

在高校网球教学中，贯彻直观性教学原则应注意以下几个方面。

①目的和要求要明确。网球教师应有目的地使用直观教学法，具体根据学生的特点和教学的任务等来确定。

②网球教师应充分利用学生的视觉、听觉和肌肉本体感觉等，使得学生产生清晰的表象。

③直观的教学有助于动作表象的确立，其还应与具体实际相结合，这样才能够取得理想的教学效果。

2. 渐进性原则

渐进性原则是人们学习时的基本原则，这符合人们的认知规律。网球教师坚持渐进性原则应该在开展网球教学时从单一到综合、从低级到高级，使得学

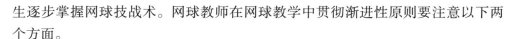

生逐步掌握网球技战术。网球教师在网球教学中贯彻渐进性原则要注意以下两个方面。

①在对网球教学内容进行安排时，要注意系统性，要由浅入深，形成一个体系，促使学生得到逐步提高。

②根据运动技能形成规律，网球教师要对网球教学内容和教学方法进行合理安排，从认知定向阶段、巩固提高阶段到熟练程度阶段，都要按照技能形成的阶段性特点及其规律来组织网球运动教学活动。

3. 因材施教原则

因材施教是教学活动的重要原则，同样适用于网球教学。所谓因材施教，就是要求网球教师根据学生的特点，针对不同的学生采取不同的教学方法，并且尊重学生之间的个体差异性。具体而言，坚持因材施教原则应注意以下两个方面。

①教师应了解学生的个体差异性，这要建立在相应的条件分析的基础之上，这是因材施教的基础。另外，学校的客观条件也需要进行考虑，如季节、地区、场地、器材、设备条件等。

②在高校网球教学中，教师应从整体进行把握，促进全体学生网球运动技能水平得到提高，完成网球教学的要求。

4. 巩固提高原则

在高校网球教学中，应坚持巩固提高原则，经常复习所学知识和技能，使得学生能够逐步得到提高和发展。在高校网球教学中，遵循巩固提高原则需要做到以下几点。

①网球教师通过采用各种方式来使信息传递的有效性和准确性得到有效保证，使得学生所学的知识和技能得到巩固和提高。

②网球教师应增加学生运动密度和动作重复的次数，反复强化，不断巩固运动条件反射，提高学生技术水平、身体素质和运动能力。

③网球教师要给学生布置适量的课外网球作业或家庭网球作业，将课内课外结合起来，达到巩固提高的目的。

④不断提出新的学习目标，培养学生参与网球运动的兴趣，激发学生参与网球运动的进取动机。

5. 自觉性原则

在高校网球教学中，学生是学习活动的主体，而网球教师则居于主导地位，网球教学的成功同学生的积极参与存在非常密切的联系。因此，在高校网球教学当中，要对自觉性原则加以积极贯彻。贯彻自觉性原则需要注意以下两点。

①网球教师要对学生进行引导，使他们对网球运动的学习目的有一个正确的认识。

②网球教师在积极引导学生参与网球运动学习的同时，还要对其主动性和积极性进行激发。

6. 系统性原则

系统性原则指的是要以人的认知规律、运动技能的形成规律、人体生理机能活动能力变化规律、技能形态改善和增强规律等为依据，对教学的内容、方法以及运动负荷进行科学合理的安排。其中，高校网球教学内容应该按照由易到难、从简到繁、由主到次的顺序进行安排，练习负荷应由小到大、由弱到强等，如此系统循环往复地进行练习、巩固与提高，并最终形成熟练的技能。

7. 健康性原则

健康性原则是指网球运动应有利于提高学生的身体素质。在高校网球教学过程中，要确保学生身体的安全和健康。所有有违于这点的教学方法和练习方法都是错误的和应该禁止的。网球练习应具有不断提高学生的基本身体素质、培养学生的意志力和良好心理素质的作用。

8. 从实际出发原则

这一原则主要是指在高校网球教学过程中，网球教师要从客观实际出发，来对网球教学的任务、内容、要求、组织教法以及运动负荷等进行科学、合理的安排。客观实际情况包括学生的年龄、性别、身体发育程度、体育基础、心理素质、接受能力以及学校的场地、器材、设备、地区气候变化特点等诸多方面。

9. 动机激励原则

动机激励原则是一种教学原则，它强调运用多种方法和途径来激发学生的主动学习动机和行为。通过遵循这一原则，可以有效提升学生的学习积极性和主动性，进一步培养他们的独立思考能力、创造能力以及自我调控能力。[①] 在高校网球教学过程中，贯彻动机激励原则应注意以下几点。

①加强学习的目的性教育。网球教师通过运用各种教育学和心理学的手段，进行学习的目的性教育。学生通过学习可以认识网球运动在健身、竞赛等方面的意义，增强自身学习网球运动的自觉性和积极性。

---

① 姚爱萍.《全国普及性健美操规定动作》在普通高校推广的可行性研究［J］. 运动，2015（4）：62-63.

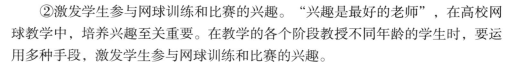

②激发学生参与网球训练和比赛的兴趣。"兴趣是最好的老师",在高校网球教学中,培养兴趣至关重要。在教学的各个阶段教授不同年龄的学生时,要运用多种手段,激发学生参与网球训练和比赛的兴趣。

③发挥学生的主体作用。让学生了解学习网球的目的、任务要求与安排,并让学生在一定程度上参与训练计划的制订和训练的组织,只有这样才能发挥学生的主体作用。在训练中应有意识地培养学生独立思考的能力。

④发挥教师的榜样作用。网球教师要为人师表,热爱自己的工作,注意自己的言行举止。在教学中应做到精益求精,上课时精神振作、口齿清晰、声音洪亮,手势清楚大方,讲解生动易懂,富有启发性;同时,还要通过准确、优美、轻松自如的动作示范,激发学生学习网球的兴趣。

10.合理安排运动负荷原则

高校网球教学的根本目的就是促使学生提高身体素质、加强锻炼。这就要求学生在承受运动负荷的情况下认真学习并掌握网球运动技能,同时还需要促进学生有机体机能的适应性改善。因此,合理安排运动负荷,在使学生学习网球技战术的客观需要得到满足的同时,还可以更好地提高学生的运动素质。由此可见,在高校网球教学过程中应该遵循合理安排运动负荷的原则。

(二)专项教学原则

高校网球运动作为一项隔网的对抗性运动,其运动技能表现出开放性与隔网对抗性的特点。以此为依据,通过深入分析网球运动的特点与网球教学的经验,可以对以下几个方面的网球专项教学原则进行总结。

1.专门性知觉优先发展原则

专门性知觉发展的过程就是对器具与环境的一种感知。网球运动中,球拍是一个工具,它可以反映网球的方向和力度等,而运动训练比赛的场地、器材等要素则构成了网球特有的运动环境。在高校网球教学的过程中,对球拍控制球的能力进行掌握有着非常重要的意义。因此,在进行多球练习时,要促使学生的这一能力得到优先发展,以更好地确保其对技术动作的学习。由此可见,作为网球运动所特有的教学原则,专门性知觉优先发展原则在高校网球教学过程中具有十分重要的意义。

2.个性化与区别对待原则

由于不同运动者的身体形态、行为习惯、身体素质、智力以及网球运动的经历等方面都存在着很大的差异，因此其技术动作的完成也存在很大的差别。在高校网球教学的过程中，应该在技术动作规范化的基础上遵循个性化的原则，对学生的个体差异进行区别对待。

3.技术动作学习与实战对抗相结合原则

在高校网球教学中，实战对抗能力处在一个非常重要的位置，这主要是由网球技术的开放性和对抗性所决定的。通过进行大量的网球运动技术训练和实战训练可以提高学生的对抗能力。技术动作的学习是训练的前提，二者必须相结合才能更好地提高对抗能力。

除此之外，将网球运动技术动作的学习和实战运用结合起来发展也是与开放性运动技能教学规律相符合的。因此，在高校网球教学中，要遵循技术动作学习与实战对抗相结合原则。

二、高校网球教学的功能

（一）显性功能

教育的显性功能是指教育活动按照既定的教育目的，在实际运作过程中自然而然地展现出与之相符的成果。这些成果显著地体现了教育的正向效应，如推动个体的全面和谐发展以及促进整个社会的持续进步等。高校网球教学的显性功能是指教育者有计划、正面又直接地教育学生。

1.网球教学显性功能的概念与属性

显性功能指的是在教学过程中实际产生、并被教学参与者在理论上确认、在实践中把握的那些具有明确预期效果、直接展现方式以及实际影响力的功能。目前，普遍被认同的网球教学显性功能包括但不限于：有效增强学生的体质，显著提升其健康水平，系统传授网球运动的技术与技能，普及卫生保健知识，深入开展思想品德教育以及培养学生的意志品质等。

2.网球教学显性功能的具体表现

（1）提高身体素质

网球运动是一项体力消耗相当大的体育活动，它要求学生必须具备出色的身体素质作为基础。只有具备了良好的体能，学生才能充分展现他们熟练掌握的网球技术和战术，从而在比赛中出色发挥。同时，良好的身体素质也可以有效预防运动损伤的发生，确保学生在享受网球乐趣的同时，也能保持身体健康。此外，网球比赛的特点在于它是由多个短暂而高强度的运动段落与休息时段交替进行。

一场网球比赛的时长一般在 1～4 个小时不等，这对学生的体力和意志力提出了双重挑战。学生不仅需要具备快速反应的能力和强大的力量，还要具有坚韧不拔的毅力和持久的耐力。只有这样，他们才能在关键时刻击出高质量的球，赢得比赛的胜利。

学生具备良好的身体素质不仅是他们学习和掌握网球战术的重要基石，还是取得比赛胜利的关键。因此，加强身体素质的锻炼显得尤为关键。此外，优秀的身体素质还能有效降低学生在训练和比赛过程中受伤的风险，有利于培养学生健康的体魄。

身体素质是个体的形态与机能的综合表现能力。一般把身体素质分为力量素质、速度素质、灵敏素质、耐力素质和柔韧素质等。在高校网球教学中进行运动训练，目的在于提高学生各器官、系统的机能，全面发展其运动素质。

①提高力量素质。在国际重大网球赛事中，击球力量是赢得比赛的关键因素之一。这种力量并非仅仅来源于手臂或手部，而是依赖于网球运动员的身体协调性，从腿部到腰部再到肩部，最后传递到手部进行挥拍，这一连贯的动作使得力量得以充分释放。不管是发球还是截击，都需要运动员全身力量的配合，任何一个部位的力量不足都会影响击球的力度和效果。

力量素质是学生重要的身体素质之一。如果没有力量，要提高运动技术水平就会遇到许多困难。力量还影响着速度、灵敏和耐力等素质。力量的提升不仅有助于增强爆发力，让网球运动员在关键时刻能够发挥出更强大的能量，还是影响肌肉耐力的重要因素。拥有足够的力量可以使网球运动员在长时间的比赛中保持稳定的表现，减轻疲劳感。此外，力量还有助于提高灵敏性，通过适当的力量训练，学生可以更好地控制和操纵自己的身体，从而在比赛中更加灵活、敏捷地应对各种情况。因此，网球教师要重视提高学生的力量素质。

②提高速度素质、灵敏素质。速度和运用速度的能力对于所有球类项目来说都是至关重要的，而在网球运动中，速度的重要性更是凸显无疑。在网球比赛中，网球运动员需要长时间、高强度地快速跑动和击球，因此反应迅速、起动快、移动灵活等速度素质成了取得优异成绩的关键要素。针对网球运动的特点，教师在教学过程中应注重提高学生对复杂信号的反应速度。灵敏素质对学生进行网球运动来说也是必不可少的。灵敏素质的优劣往往决定着技术水平的高低。

③提高耐力素质。一场网球比赛往往持续时间较长，因此运动者必须具备良好的耐力素质，以确保在整场比赛中技术和战术的正常使用。这是因为网球比赛对技巧性和精确性的要求极高，一旦运动员出现疲劳，将直接影响其动作

的准确性和完成度，从而导致失误率增加。当神经肌肉出现疲劳时，运动员对对方来球的判断、反应速度以及动作的协调性和灵活性都会受到影响，进而影响比赛表现。

网球运动是一个持续不间断的过程，要求运动员具备出色的持久耐力。只有拥有足够的耐力，运动员才能确保顺利完成整场比赛。在紧张激烈的比赛过程中，若运动员的耐力不足，其击球速度和力量将会受到明显影响，导致无法迅速反应和灵活移动。因此，高校网球教学中教师必须重视提高学生的耐力素质。

④提高柔韧素质。柔韧素质在网球运动中也很重要，若网球运动员缺乏柔韧素质，其动作则显得僵硬不协调，甚至难以完成一定难度的技术动作；良好的柔韧素质还能减少网球运动员在运动中的损伤。提高柔韧素质主要采用练习拉长肌肉、肌腱、韧带和皮肤的方式。因此，在高校网球教学中，教师通过对学生柔韧素质的训练，可以提高学生身体整体的柔韧度，增强关节与肌肉韧带的伸展性。

此外，要充分利用各种素质之间相互促进的关系。在高校网球教学中，教师在对学生进行身体训练时，应充分利用各种素质之间的协同作用，并尽力避免它们之间的制约效应。例如，在通过长跑训练来提高学生的耐力素质时，教师需要注意避免学生练习次数过于集中，且在跑步结束后，应引导学生进行一些快跑练习和快频率动作练习，以防动作速度和快速动力定型的消退，以及速度和爆发力的下降。另外，力量训练虽然对速度提升有积极影响，但应结合网球运动的专项特点有针对性地发展特定肌群的力量，这样才能更有效地提升学生在网球运动中的表现。需要注意的是，若片面追求大负荷的力量练习，则可能会导致肌肉弹性和放松能力的降低，从而对速度发展产生不利影响。[①]

（2）提高心理素质

目前，不少学者认为，随着运动技术水平的日益精进，运动员的生理能力已逐渐逼近其极限，单纯依靠增加运动负荷或延长训练时间的方法已难再有显著的提升。然而，与生理能力不同，人的心理能力蕴含着巨大的潜力。运动实践充分证明，许多杰出的网球运动员在比赛的关键时刻能够取得胜利，往往归功于他们在心理素质上的优势。相反，一些运动员在比赛中表现失常，往往是由精神过度紧张所导致的。

在高校网球教学中，网球教师对学生进行心理素质训练是一个有目标、有意识的过程，旨在通过采用特定的方法和手段，积极影响学生的心理，帮助他们塑

① 顾源，史欢欣，乔伫. 当代大学生体育专业网球专项学生身体素质训练方法与研究[J]. 文体用品与科技，2012（8）：116-117.

造良好的心理状态和个性特征。这一训练的核心目标是培育和发展学生在紧张的训练和比赛中所需的心理素质和个性心理特质，使他们能够有效调节和控制自己的心理状态，以便更好地适应训练和比赛的要求，并取得好成绩。提高心理素质可以从以下几个方面进行。

①视知觉训练。准确、明晰的视知觉对网球运动具有特殊的意义。网球体积小、移动速度快、轨迹变化多，这就要求学生有良好的视知觉以掌握网球的位置。在比赛中，对方的击球动作、击球时的拍面角度和方向、网球在空中运行的特点、对方的动向等一系列复杂的过程，只有在视知觉准确辨认的基础上，才有可能进行有效的应答行动。

网球教师在日常训练中要有意识、有目的地采用各种有效的方法和手段对学生的视知觉进行系统训练，这样将更快地提高他们的视知觉能力。例如，可采用各种手势信号让学生随手势做各种动作，可在场地中设置"打准练习目标"标志，教师将准备好的若干个球放置在场内不同位置，让学生由背向球转向面对球，并快速说出球数等。这些手段和方法均能有效提高学生的视知觉能力。

②集中注意力和注意分配训练。注意是指人的心理活动对一定对象的指向和集中。在网球运动教学训练中，要求学生保持高度集中的精神状态是至关重要的。这是因为网球是一项技巧性极高的运动项目，技术动作复杂且精细，学生在训练过程中稍有分心就可能会对训练效果产生不良影响。在比赛时，网球运动员需要保持注意力的高度集中和稳定指向，同时能够有效排除周围环境中的不良刺激和干扰，使自己处于情绪投入和专注的状态。只有这样，他们才能在各种情况下做出正确的判断和及时的决策。此外，注意分配也是网球运动中一个重要的心理技能。它指的是在同一时间内，网球运动员能够将注意力有效地分配到两种或多种不同的对象或活动上。

注意分配是注意力集中的一种特殊表现，只有高度的集中才能有合理的分配。在比赛中，网球运动员会受到大量的、无规律的复杂刺激，这便要求他们具有善于分配注意力的能力。教师可以在练习中要求学生将注意力很快集中在比赛中，注意球、场地和比分，注意去看球，分析来球情况；还可在不同的干扰条件下进行练习，干扰条件包括外部的，如气候、观众、环境等，也包括内部的，如疲劳、情绪激动等。若出现打球失误的情况，教师要教导学生应立即摆脱因失分导致的不良情绪，汲取经验去打下一分球。

③判断、反应能力训练。判断、反应能力是指运动者在有效地使用自己的技术之前，依据场上情况决定将要使用的技术和战术。在网球运动中，网球运动员

大脑中的场上信息一般有以下几种：对手的站位、对手的移动方向、对手使用的技术动作，以及网球的路线、落点、速度和旋转方向。网球运动员应依据上述情况做出相应的反应，即决定所用的技术动作、击球的落点等。因此，高校网球教学中教师在训练中要不断要求学生注意对手击球的真实动作，学会对击球的某种规律的把握。

④意志力训练。所谓意志力是指个体自觉地设定目标，并据此调整自身行为，以克服各种困难并最终达成目标的心理过程。在高校网球教学中，网球教师着重培养学生的意志力显得尤为重要。根据这一运动的特点，学生应主要展现出自觉性、主动性、自制力和自信心等意志品质。这些品质不仅有助于学生在网球运动中取得更好的成绩，还能促进他们形成积极向上、坚韧不拔的人生态度。

自觉性是指一个人在行动中有明确的目的，并充分认识到自己的行为对社会的意义。自觉性促使人们能积极主动地对待当前的行动，从而加速目的的实现。在网球训练中，自觉性就要求学生在运动中自觉地、长期地去执行训练计划。例如，怎样在无规律的练习中自觉练习注意力的集中与分配，怎样提高判断力，怎样实现技术质量要求，怎样正确运用战术，怎样形成良好的比赛作风等，这些都要求学生有很高的自觉性才能实现。

主动性是自觉性的具体表现，例如：要求学生带着问题去练；与教师共同探讨技术、战术问题；在比赛中，要求学生积极主动地去运用技战术，并依据场上情况主动地变化技战术等。

自制力主要是指学生在训练和比赛中抵抗内心和外界各种不良刺激和干扰，以保证良好训练效果和比赛中技战术正常运用的自我控制能力。教师应要求学生在遇到困难时正确看待困难，事先做好完成复杂练习的计划；在比赛中，要逐步培养稳定的情绪，不怕场内外的种种干扰。

自信心是指学生相信自己通过努力一定能实现既定目标的信念。自信心的培养需要学生和教师的共同努力，教师要注意把握好训练的难易程度，注意以良好的刺激增强学生的自信心；同时，更应注意对不同类型比赛的研究，让学生在不同水平、不同状态下参加不同类型的比赛，用训练性比赛来培养学生的自信心。

（二）隐性功能

当代教学理论认为，教学的任务不只是向学生传授高、精、尖的科学知识和训练他们的智慧能力，还包括使学生"人化"，即对学生进行如何做"人"的教育。[①]

① 韩砚农，闫祖高. 体育教学隐性功能探析［J］. 山西师大体育学院学报，1998（2）：15-17.

这在如今工业化、都市化和知识化的社会是一个极为重要的问题。为此，学校教学必须确立综合发展的观念，对学生实施素质教育，体现德、智、体、美、劳全面发展。因此，教师要更加全面地理解教学任务，使教学目标日益综合化。前人已经确认与把握了网球教学的"显性功能"，尚需再进一步揭示网球教学功能的另一层面，即教学的"隐性功能"，以把握整体的网球教学功能，从而更加科学与有效地指导网球教学实践工作。

1. 网球教学隐性功能的概念与特点

高校网球教学中的隐性功能指的是学生在学校环境中（包括物质、社会和文化体系）所学到的非预期性或非计划性的休闲网球运动知识、价值观念、规范和态度，也指学生通过教育环境（包括物质的、文化的和社会关系结构的）有意或无意地习得的非公开性的网球运动教育经验（包括学术的和非学术的），还指学生在网球运动课内外无意识的非特定的心理反应发生作用的教育影响因素。显然，教学隐性功能并非就是教学过程中看不见、听不着的功能，它只不过与显性功能相区别。可见，"隐性"与"显性"并不是绝对对立，而是相对对立的。在一定时机与条件下，高校网球教学隐性功能可以除去其隐蔽外衣而跃迁为显性功能。

高校网球教学隐性功能相对于其显性功能来讲，自有其本身独具的特点。这些特点表现在以下几个方面。

（1）非计划性

在高校网球教学中，教师在发挥显性功能优势时，会预先对功能的数量和质量有清晰的认知。这种功能的目的、方式和预期结果都会以预设的教学方案或教师个人的教学计划形式存在，并在整个教学过程中受到调控和检测，从而展现出较强的计划性。然而，隐性功能的情况则截然不同。在隐性功能作用发生之前，教师对于隐性功能本身的数量和质量往往缺乏深入的认识。因此，不管是隐性功能的目的、方式还是结果，都难以进行明确的定向设计。这使得隐性功能的作用过程更像是一种触发过程，呈现出非计划性的特点。

（2）内隐性

教学显性功能的作用方式与效果表现得直接且明显。它往往借助讲授、动作示范、身体练习、教具演示等明确清晰的方式直接作用于学生，进而促成学生身心的显著变化，并在自身和他人观察范围内产生明显的显性效果，如动作技术的熟练掌握等。与显性功能不同，隐性功能的作用方式则显得更为潜伏和间接。它通常通过存在于教学中的互动、模仿、感染、认同及角色扮演等不易察觉的方式间接地影响学生，使学生在不知不觉中获得那些自身和他人难以察觉、检测的隐性效果。因此，隐性功能的作用方式与效果更多地展现出内隐性的特点。

（3）深长性

高校网球教学的显性功能因其作用方式的直接性，往往受到时间和空间的限制。这种局限性使得显性功能的作用性质通常呈现出间断性、可变性和浅显性。相比之下，隐性功能因其作用方式的特殊性，在发挥作用的时间上更为长久和连续，其作用性质也更为稳定和深刻，具有深长性的特点。

（4）两极性

教学显性功能是根据教学目标的要求进行精心计划的功能，通常表现为积极的正向效果，对学生产生有益的影响，但也不能完全排除其可能产生的负向影响。相对而言，教学隐性功能则是一种非计划、非调控的自发且隐蔽的功能。它可能带来符合教学目标、促进学生身心健康发展的正向效果，也可能产生与教学目标相悖、阻碍学生身心发展的负向效果。这种正负效果的两极性，无论从积极还是消极的角度来看，都强调了认识和把握网球教学中隐性功能的必要性。

2. 网球教学隐性功能的具体表现

（1）个体社会化功能

在学生个体逐步融入社会的转变过程中，高校网球教学扮演着至关重要的角色。这种转变并非仅仅依赖于教学的显性功能，更多时候是教学本身所蕴含的一种隐性功能——个体社会化功能在默默发挥作用。具体来说，这种个体社会化功能体现在以下几个方面。

①施与隐含的社会化内容。社会化的核心内容主要由社会文化价值观念和行为规范构成，它涵盖了确立清晰的生活目标、遵循社会规范、掌握社会生活的基本技能以及学习如何扮演好社会角色等方面。网球运动作为一种独特的教育载体，在培养学生的综合素质方面发挥着不可或缺的作用。在网球场上，学生不仅能够锻炼出竞争意识，还能学会与他人合作，实现竞争与合作的内在统一。这种统一不仅有助于学生在体育竞技中取得优异成绩，还能够为他们日后步入社会、参与团队合作奠定坚实基础。此外，网球运动还能有效培养学生的组织纪律性、集体责任感和荣誉感。在遵守比赛规则、服从裁判判决的过程中，学生学会了如何在规范的制约下发挥个人的主观能动性和创造性。这种能力的培养不仅是道德教育的基本内容，而且是现代人与未来人在面对复杂多变的社会环境时所必需的身心

素质。教学过程中的社会化内容传授和学生观念的形成在一定程度上依赖于科学文化知识，特别是思想品德教育的显性功能。然而，更为关键的部分其实源于师生间的互动交往，以及他们在教学规章制度、纪律要求中的亲身体验与学习。这些体验来自课堂内的集体讨论和班风校风的影响，并且在课外群际性的网球活动中得以深化和内化。这种社会化内容的体验与学习由于其获得方式的感性、自然和非强制性，更易于被学生接受。

②培养潜藏的社会化能力。学生社会化能力的获取是衡量其社会化进程的关键指标，涵盖了社会职业能力和社会交往能力两大核心方面。这两大能力的培育，一方面得益于智力与能力的显性提升，另一方面则依赖职业和专业领域的实践性学习活动以及广泛的人际交往互动。在具体的实践中，如各种形式的练习、实习以及比赛等活动，为学生提供了宝贵的锻炼机会。通过这些活动，学生不仅能够将所学理论知识与实际操作相结合，提升职业技能，还能在与他人的合作、沟通中锻炼他们的社会交往能力。更重要的是，通过扮演一定的社会职业角色，学生能够更加深入地体验该角色的职责与要求，从而逐步培养出所需的职业素质与人际交往技巧。这种角色扮演的过程实质上是学生社会化能力得以提升的重要途径。

③促进人际关系的发展。人际交往指的是在社会活动中，个体与个体之间展开的信息互换和情感交流的过程。这一过程深刻反映了个人或团体为满足其社会需求而呈现的心理状态。人际交往的演变与深化直接取决于双方社会需求的满足程度。网球运动及其相关比赛为个体之间提供了更多接触与交往的机会，有效缩短了彼此间的心理距离，促进了相互间的沟通。运动，尤其是网球这类团队或个人竞技活动，历来被视为友谊的桥梁。原本陌生的个体通过一场球赛或活动便能初步建立联系，开启交流的大门。对于性格外向的人而言，他们可以通过这类活动进一步拓展社交圈，满足其社交需求。而对于性格内向的人，积极参与网球运动等活动，不仅可以忘却烦恼、消除孤独感，还能在活动过程中逐渐培养与人交往的意愿和习惯，从而实现个性的积极转变。

（2）学习主体化功能

①促进学生学习主体性形成。能动、自主与创造作为学生学习主体性的基本构成，是学生学习主体性得以确立的主要依据，而学生的学习主体性却以隐性的状态存在于网球教学过程中。现代教学以其目标、内容、方式及手段应有的整体化不断促进着学生生理、心理与文化结构的全面发展。正是有了这种全面发展，学生学习主体性的确立才得以实现。

在学生学习的外部环境中，教师的人格魅力及其示范效应、师生与同学间的互动与期待，以及教学中提供的多样化自我表现与锻炼环境，均对学生学习主体性的形成起到了外在的教导、促进与激发作用。同时，学生对教学内容的深入掌握与灵活运用，以及他们在学习过程中的时空安排、方法选择等自主性实践，也会在内在层面上推动其主体性的确立与发展。这种内外因素共同作用使学生的学习主体性得以逐步、隐性的发展与确立。

②发展学生学习主体个性结构。学生学习主体化的实现既依赖于学习主体性的形成与发展，又离不开学习主体个性结构的构建与完善。学习主体个性结构由学习主体意识与学习主体能力所构成。仅仅依赖理性的知识传授和道德教育以及能力的培养，是无法完全解决学生社会职业能力和社会交往能力形成与确立的问题的。这些方法或许能够在认知层面上为学生提供一定的基础和条件，但真正形成还需要依赖学生自身长期的学习实践。

（3）培养情感功能

①唤起社会情感体验。高级的社会情感由理智感、道德感与美感三者组成。在学生的自我学习过程中，他们会经历一系列的情感波动，如喜悦与沮丧等情绪体验。这些内心体验的连续积累与深化最终促成了理智感的形成与增强。与此同时，学生道德感的塑造则主要源于他们是否能够理解并遵守一定的社会道德规范，如体育运动中的行为准则等。美的感受往往源于对美好事物的接触与体验。在高校网球教学中，教师通过传授美的内容、组织美的活动，并营造优美的运动环境，使学生得以在亲身实践中不断获得美的体验，进而形成对美的深刻感受，即美感。

②构建情感触发情境。学生情绪情感的触发总是归因于一定的情境因素。在高校网球教学活动中，情境因素扮演着举足轻重的角色。这些因素主要包括以下几个方面。首先，教师的情感触发具有极大的影响力。教师在教学过程中所展现出的表情与情感无时无刻不在影响着学生，使他们的情绪情感产生相应的波动与变化。其次，教学情境的设置也至关重要。通过创设具体、形象的教学情境，如游戏、练习和比赛等形式，可以让学生仿佛置身于真实的网球场景中，从而更加投入地学习，将情感寓于其中。最后，课堂心理气氛也是不可忽视的因素。以真实、理解与尊重为特征的课堂气氛能够让学生感受到教师的关爱和尊重，从而产生积极的情绪情感体验。

③对学生进行情绪控制训练。网球比赛中极易出现害怕、焦虑、紧张等情绪现象，会直接影响运动者的正常发挥。因此，对学生进行情绪控制训练是十分重要的。

在高校网球教学中，教师对学生进行情绪控制训练是指利用主观因素，如语言和表象来调节并刺激中枢神经系统，使学生保持最佳状态的一个过程。情绪控制训练的方法有很多，而每个学生的自身情况都不一样，因此要根据每个学生的实际情况采取适合他们的训练方法，使他们能在比赛中处于最佳情绪状态。情绪控制训练方法有自言自语、自我安慰、大叫几声、握拳宣泄释放、转身分拨拍线、取毛巾擦擦汗、蹲下紧紧鞋带、做个鬼脸自我放松一下、深呼吸、活动四肢、拍拍脑门以及如果有小伤可以申请医疗暂停等。学生由低年级向高年级发展，教学影响越好，情绪分化与控制能力也就越强。

第三节　高校网球教学的组织与实施

一、高校网球教学的组织

（一）网球教学课的分类

网球教学课主要是按照网球教学的任务或教学内容及所使用的主要教学方法来划分的。在高校网球教学中，根据教学实际需要，通常会将课程划分为多种不同的形式。具体而言，这些形式主要包括讲授课、实践课、讨论课、演示课、比赛课、复习课以及考核课等。

1. 讲授课

讲授课，也叫作网球理论课，它是进行网球理论教学的主要形式。讲授课依据的是教学计划、教学大纲、教材，需要根据教学进度和教学任务的统一要求合理安排授课时间和授课次数，并精选教材的主要内容。概念明确、条理清楚、重点突出、具有启发性是讲授课的基本要求，在实施讲授课教学时，要按照这些要求进行。

2. 实践课

实践课是指在场馆（室外球场或室内体育馆）进行身体练习，并对网球技术、战术和技能进行传授的一种授课形式。讲解、示范、挂图、电影、录像等手段和一定数量的各种练习是网球实践课的主要手段。通过网球实践课，学生能够掌握网球技术，提高技战术的运用能力，了解常见的错误动作及其纠正方法，从而达到培养学生实践能力的目的。

3. 讨论课

讨论课是指让学生讨论网球的某一专题，共同交流看法或进行分析和辩论，以达到加深理解、开拓思路目的的一种授课形式。通过实施讨论课，能够培养学生的语言表达能力和发现问题、分析问题及解决问题的能力。

4.演示课

演示课是指运用各种直观教具（挂图、模型、幻灯片、投影等）和观摩优秀运动员进行比赛、训练和示范的一种教学方法。影视课和采用录像、多媒体等教学手段演示高难度技术也是演示课的重要内容。较强的真实性是演示课的重要特点，教师通过实施演示课，能够使学生更为直观地认识网球技战术教学的内容，也能够相应地提高学生的形象思维能力。

5.比赛课

比赛课是指通过竞赛对教学效果进行检查，以交流教学经验和提高学生网球技战术运用能力的一种教学形式。比赛课可在规则允许或特定条件下进行，并且应按照教学计划、进度和不同的教学阶段来对其内容进行具体安排。

6.复习课

复习课是复习改进和巩固已经学习过的教材内容的课。在教师的指导下，学生通过对已学过的网球技战术进行反复练习，初步提高技战术质量。通过实施复习课，可以相应地发展学生的全面身体素质，这是复习课的主要任务。

7.考核课

考核课是指通过教学检查获得教学的各种反馈信息，从而为改进教学方式提供依据的一种教学形式。考核课分为考试和考查两种形式。考核课的内容包括网球理论知识、技术达标及各种实际操作能力的考核等。考核课的实施，不仅能够督促学生的学习，而且也能够控制和评价网球教学的过程。

（二）网球教学课的结构

网球教学课的结构是指一节课或一次课的基本组成部分以及各组成部分之间的安排顺序、时间分配和相互关系。课堂结构对教学效果有着十分重要的影响，它可以使教学过程发生质的变化，在一定程度上决定了课堂教学效果的优劣。因此，在考虑网球教学课的结构时，需要遵循客观规律，包括教学过程的一般规律和人体生理机能活动的规律。一般来说，准备部分、基本部分和结束部分是网球教学课的三个组成部分。这三个部分各自承载着不同的主要任务、内容要求以及特定的组织教法。它们之间存在着显著的差异，但共同构成了一个紧密相连、不可分割的完整体系。

1. 准备部分

准备部分的组织一般采用集体形式进行。在 45 分钟的课中，准备部分需要安排 8 ～ 10 分钟；在 90 分钟的课中，需要安排 15 ～ 20 分钟。准备部分的任务就是用较短的时间迅速地组织学生进行一般性的各种走跑练习、各种徒手操练习、集中注意力练习、队列队形练习、游戏和专门性的活动练习，使身体各器官系统尽快进入工作状态，为基本部分的学习做好充分的准备。

2. 基本部分

基本部分的组织应按照网球教学的目标、教材内容与性质、学生特点、场地器材设备条件采用相应的组织形式。在 45 分钟的课中，基本部分大约占 30 分钟；在 90 分钟的课中，通常占 65 ～ 70 分钟。基本部分的任务是学习或复习网球教学大纲或进度所规定的重点教材和一般教材；同时，使学生的生理技能处于适宜的兴奋状态，保持人体工作能力处于最佳水平，学习、掌握和改进网球基本知识、技术、战术，提高运动技能、身体素质、体能，培养实践操作能力。

3. 结束部分

结束部分主要是进行放松练习，并总结整节课的内容。

（三）网球教学大纲及其制定

教学大纲是依据学校专业教学计划而制定的课程教学纲领性文件，它不仅规定了课程教学的基本任务，而且还限定了教学的知识范围，并确定了课程的考核标准和方法。对于课程建设而言，教学大纲是其主要内容之一，也是衡量教学任务完成情况的基本依据。网球课程在学校专业教学培养计划中的地位可以反映在网球教学大纲中，网球课程组织和教师个人组织网球课程教学工作要以其为基本依据。科学合理地制定教学大纲可使本门课程的教学更好地服务于学校的培养目标。

1. 教学大纲的结构与内容

（1）大纲说明

大纲说明主要对大纲制定的依据和课程的性质进行阐述，扼要阐明编制大纲内容的主要原则，提出教学中确保大纲完成的措施等。

（2）教学目标

教学目标主要阐述本门课程在教育、教学及教养方面的具体任务。通常包括网球课程专业知识技能方面的要求、发展学生身体素质方面的要求和思想品德教育方面的要求等。

（3）教学内容

教学内容应该包括基本理论、实践和能力培养。其中，基本理论应包括网球运动概述、技战术理论分析、网球教材教法、竞赛组织工作、规则与裁判法、场地设施与管理、课余训练与健身指导等。实践部分的基本技战术教学内容要列出技战术名称、标明教材内容的层次关系，即普修内容与专修内容或重点内容与一般内容。能力培养要提出具体内容，例如：运用教学原则、选择教学方法与手段、组织教学工作的能力；讲述网球技战术理论方法的能力；辅导课外活动、组织竞赛和裁判工作能力等。教学内容涉及课时数的分配，应该注意课程中理论、技术、战术及规则裁判法和相关的基本能力培养等不同教学内容的课时数划分比例，理论教学与实践教学的比例等。

（4）教学要求

教学要求规定，教师应不断提升自身的职业道德素养，以身作则，为学生树立良好榜样。同时，教师还需积极提高业务素质，不断学习和更新网球教学理论知识，确保与实际教学紧密结合。在教学过程中，教师应重视教学方法的改革与创新，应善于运用多样化、现代化的教学手段，以提升教学质量和效果。同时，教师还应注重教学相长，通过培养学生的自学评定能力和创新能力，促进学生的全面发展。

（5）教学内容纲要

教学内容纲要是教学大纲的核心组成部分。它采用知识点梳理的方式，将教材中各章节的详细内容逐一呈现，涵盖了体能素质教育、政治素质教育以及实际能力培养等多个方面，并根据教学要求确定了一般教材、重点教材和介绍教材等。

（6）考核方法

考核方法是指按照教学目标确定的课程考核方法与标准。

（7）教学条件与教学措施

为了确保网球教学正常进行，场地与设施等教学条件必须得到满足。教学措施主要是指完成教学大纲任务的组织措施和教法措施。

（8）教材及主要参考书

本部分要列出本门课程使用的教材和主要参考书。

2. 制定教学大纲的要求

（1）从实际出发

教学大纲的制定应从实际出发，要体现教学计划中规定的培养目标和要求，并准确提出网球教学的总任务。

（2）重视科学性、系统性和实用性

制定教学大纲要按照教学内容合理地选择教材，把主要的、基础的和先进的知识内容列入教学大纲。

（3）合理地分配教学时数

在分配教学时数时，应注重理论教学与实践教学的合理配置，确保两者之间的比例恰当，从而保障教学内容全面完成。

（4）合理确定考核内容与方法

确定考核内容与方法时要合理确定理论知识成绩与技术实践考核成绩在总成绩中所占的比例，使考核结果能够有效地衡量学生的学习水平。

（四）高校网球教学进度及其确定

教学进度是指按照教学大纲所设定的任务、内容及课时分配，将教材内容精确细化至每一次课堂的具体教学安排。这一教学文件应严格遵守网球知识技能学习的基本认知规律，确保教学内容的逻辑序列科学合理。因此，教学进度不仅是对教学内容的细致规划，还是教学方法和教学策略的有效体现，旨在提升教学质量、促进学生全面发展。合理地确定教学进度对提高教学的质量与效果具有重要作用。

1. 教学进度的格式

在教学实践中，一般使用的教学进度格式有表格符号式和顺序名称式两种。

（1）表格符号式

表格符号式是指把教材内容按编号顺序逐个列入教学内容栏内，然后按出现的先后顺序在相应的课次栏内标记"√"号，科学地排列组合，从而反映出每次课程的教材安排和整个教材排列顺序及数量。

（2）顺序名称式

顺序名称式是指按课次的顺序将各类教材的名称填入表格的教学内容栏内，并在课程类型内填写采用的组织方式，如理论讲授、实践教学和研讨等，其他事项可填入备注栏。

2. 确定教学进度的要求

（1）突出重点，兼顾全局

确定教学进度时要按照教学大纲的要求和运动技能形成的规律把教材内容安排到恰当的位置；要在全面考虑的基础上，增加重点教材内容出现的次数，从而使整个教学过程科学、合理地进行。

（2）理论结合实践

确定教学进度时应将理论课与实践课相互结合。要本着理论指导实践的精神，有针对性地对理论课教学进行安排。实践课的教学要采用多种形式，使学生的多种技能得到发展。

（3）遵守逻辑关系

遵守逻辑关系是指教材的排列要体现网球运动和网球教学的自身逻辑特点，知识单元和技术的排列要体现合理的逻辑关系，还要使教材之间在学习时产生积极的迁移，防止消极的干扰。

（4）遵循循序渐进原则

确定教学进度要遵循循序渐进原则，要合理分配每次课程不同教材的份量，使各类教材合理搭配，充分体现循序渐进的教学原则，并反映出课型种类模式。

（五）高校网球课教案及其编写

教案即课时计划，它是教师为完成教学任务而编写的一个文件，是教师经过备课，以课的组织形式编制的教学实施方案，是教师上课的具体依据。

1. 教案的基本形式

（1）表格式

教案的格式和写法多种多样，网球教学的实践课一般采用表格式的形式。结构固定、简单，教学内容和组织教法一一对应是表格式教案的特点。在课的部分栏内，通常应注明课的结构，使准备部分、基本部分和结束部分的内容各有侧重。教学内容与组织教法要一一对应，前后之间要相互衔接。在时间栏内要对每个组织环节所分配的时间进行标注。

（2）条文式

条文式教案通常用于理论课的教学，除填写表格式规定的项目之外，以讲授提纲与组织教法的方式配合理论课讲稿共同使用。

2. 教案编写的基本要求

（1）提出教学任务

编写教案时要按照培养目标的要求、教学进度的安排、教材内容的性质和学生的实际情况提出具体的教学任务。网球教学任务要全面体现网球教学在教育、教学和教养方面的任务。教学任务要准确，便于对教学效果进行检验。不同的教材内容可提出不同的任务，如"初步掌握""基本掌握""改进提高"和"初步运用"等。总之，教案提出的教学任务要反映学生的认识过程，要有针对性，符合实际，可以全面体现网球教学在教育、教学和教养方面的任务。

（2）合理安排教学方法

编写教案时，要按照教学内容、学生的实际情况和场地设备条件来对教学方法加以选择。讲解、示范、练习、纠正错误和反馈与强化等手段在不同课型中的运用要有所侧重，教法要灵活多样、相互配合，防止简单枯燥。

（3）教学组织模式的确定

编写教案时要针对课程任务对教学的组织模式进行合理确定。实践课的教学可采取常规教学或现代教学的模式，理论课可采用以讲授为主、讨论为辅的模式。一般来讲，在组织严密的情况下，问题式和讲演式也能够获得较好的教学效果。

（4）运动负荷的确定

教案中要估计运动负荷，通过练习的安排使运动的量和强度反映课的高低潮，有利于学生掌握网球技能和发展身体。

（5）注重内在逻辑性

在对教案进行编写时，要体现出前后课次的衔接，注重内在逻辑性。

（六）高校网球教学工作总结及其内容

课程结束时，教师要向教研室和上级主管部门提交教学工作总结，它是教师自身评价教学任务完成情况、总结经验和找出差距的文字材料。在提交教学工作总结时要实事求是地反映教学过程，尤其要注意对教学规律进行总结，发现影响教学质量的新问题，为在下一轮教学中进行深入研究提出课题，从而不断提高教学质量。教学工作总结通常包括以下部分。

①介绍课程的性质和任务、教学的时数、学生的人数及所在的系和班级、教学的条件等基本情况。

②教学过程中采取的教学改革方案或措施，并实事求是地自我评估执行情况，对改革的成功之处进行总结，并对存在的问题和原因加以指正。

③对学生学习状态进行总体评价，尤其要对教学中学生主体作用的发挥情况进行分析。同时要客观分析学生的学习成绩，以数据和事实为根据对教学过程作出准确的评价。

④按照本阶段或本学期教学任务的完成情况和对教学中遇到的问题进行分析，对下一轮教学工作提出改革的设想和建议，必要时可建议教研室和教学主管部门组织专题进行研究。

二、高校网球教学的实施

（一）网球教学的分组

1. 混合分组

混合分组就是把网球技术水平不同的学生有目的、有计划地分在一个小组中，如把技术基础较好的和较差的混编在一个小组，这种分组方式在人数较多的班级和初学阶段的运用效果较好。强弱搭配可以使技术基础较好者起到模范带头作用，协助教师对初学者进行技术帮助。学生之间开展互教互学有利于教师照顾全班的情况，统一组织教学，实现教学的一般要求。然而，采用这种分组方法有时满足不了技术水平较高的学生的学习需求，有可能影响其学习的积极性。因此，在混合分组实施的过程中要安排一定的时间对他们进行专门的辅导，使优秀学生在原有基础上得到提高，以便更好地发挥教学带头作用。

2. 按技术水平分组

按技术水平分组即将全班学生根据其技术水平的差异划分为不同的小组，确保同一小组内的学生技术水平相对一致。这种分组策略有助于教师针对不同小组的特点灵活布置教学内容、选择教学手段、安排练习方法以及设定运动技能掌握目标。这种分组方式充分体现了因材施教的教育原则，能够更有效地满足不同技术水平学生的个性化需求。对于技术水平较高的小组，教师可以适当加快教学进度，增加练习强度和提高难度，以充分激发学生的学习热情和挑战欲望，帮助他们进一步提升技术水平。对于技术水平相对较低的小组，教师可以适当放缓教学节奏，降低难度，确保学生能够逐步掌握基本技术，实现基本的教学要求。

另外，教师还可以根据学生掌握技术的实际情况，定期或不定期地调整组别，以调动学生学习的积极性。然而，这种分组方法不利于教师全面把握全班的教学情况，不利于统一组织教学活动，一旦掌握不好，容易顾此失彼，尤其是在教授新技术时，整体教学效果不如混合分组的教学效果好。采用技术水平分组形式教学时，教师应重点辅导技术水平较低的学生。

上述两种分组方法各有利弊，在实施过程中可根据学生不同阶段的具体情况灵活采用。例如，在初学阶段可以采用混合分组，到了巩固和完善动作阶段则可以重新按技术水平分组。除了以上两种分组方法外，还可以按性别分组。此外，还应加强对组长的培训，尽可能让他们提前了解课程的内容和教师的教学意图，让他们担当"小老师"，帮助教师维持好课堂秩序，组织好课堂教学。

（二）网球教学进度的安排

1. 单一教学

单一教学是一种专注于特定技术的教学方法，即在特定的教学时段内，教师仅教授一种技术，待学生基本掌握该技术后，再逐步引入其他技术进行教学。这种方法强调集中力量攻克技术难点，其特点在于教学内容明确且重点突出，使学生能够集中精力和时间攻克关键技术环节，从而加速学生对单一动作的理解和掌握。

2. 综合教学

综合教学指的是在一段时间内，教师会连续且循环地教授多种技术或动作。学生在初步接触并学习了一种技术或动作后，会立即转入另一种技术或动作的学习，通过不断的轮换和循环，可以在多种技术或动作间进行实践和体验。这样一轮又一轮的教学循环旨在帮助学生逐步深入理解和掌握各种技术。

第三章　高校网球教学要素的创新

随着体育教育改革的不断深入,高校网球教学面临着前所未有的机遇与挑战。传统的网球教学模式往往注重技术训练与比赛成绩,而忽视了学生综合素质的培养与个性化需求。因此,高校网球教学要素的创新成为推动高校网球教学发展的关键所在,也成为提升教学质量与学生学习体验的关键环节,这在当前的教育背景下显得尤为重要。本章围绕高校网球教学内容的开发、高校网球教学方法的创新、高校网球教学模式的创新和高校网球教学的评价体系等内容展开研究。

第一节　高校网球教学内容的开发

一、高校网球教学内容开发的作用

(一)促进网球课程目标的达成

高校网球教学内容开发对于打破传统单一的教学观念具有重要意义。通过引入更为丰富、多元化的网球教学内容,能够逐步确立起适应社会化体育活动需求的课程观念。这一转变将有助于推动网球教学目标的更快实现,使教学更加贴近实际,更符合学生的兴趣。

(二)促进学生全面发展

开发高校网球教学内容将有力推动学生全面发展,具体表现在以下几个方面。首先,通过精心设计的网球教学内容,学生的主体性将得到显著增强,其对网球学习的兴趣也会更加浓厚。同时,这些内容将为学生提供更多的实践机会,锻炼他们的实践能力,并激发他们的创新思维和创新能力。其次,高校网球教学内容的开发将激发学生探究与创造的积极性。学生在学习过程中将不断探索网球运动的奥秘,挑战自我,提高探究能力和创造能力。最后,通过开发网球教学内容,可以建立更加民主、平等、和谐的师生关系。这种关系将鼓励学生更加自主地学习，同时培养他们的协同合作能力，使他们在团队中更好地发挥个人优势，实现共同进步。

（三）促进网球教师素质提高

科学开发高校网球教学内容不仅对学生的成长大有裨益，还有助于提升网球教师的专业素质，拓宽其教学视野，并进一步提升其教学水平。通过精心设计网球教学内容，教师能够不断更新教学理念、丰富教学手段，使教学更加满足学生的实际需求，同时也有助于教师自身的专业成长与发展。

二、高校网球教学内容开发的策略

（一）加强网球场地设施的开发与利用

首先，为了确保开发的网球教学内容能够充分适应学生的身心特点并促进其健康发展，需要对学校现有的网球场地、器材等客观条件进行细致入微的改造与优化。通过合理调整场地布局、完善器材配置，使其更加符合学生的学习特点，为网球教学的顺利进行提供有力保障。

其次，在网球器材的改革与开发过程中，应始终坚持经济合理、高效实用的原则。通过加大对学校网球场地设施资源的挖掘力度，实现场地设施的纵深开发和多功能利用，进一步提升网球教学内容开发的效率和质量。

（二）充分利用有价值的网球信息资源

网球教师应积极开发和运用高效能的体育应用软件，并着手建立网球专题网站和电子公告牌，以多样化的形式呈现与网球相关的信息和资源，充分利用现有的网球信息资源，调动学生学习的积极性和锻炼的主动性，从而全面提升网球教学的整体质量。同时，还要培养网球教师使用新技术手段开发网球教学内容的能力。

第二节　高校网球教学方法的创新

一、直观法

（一）动作示范

动作示范是网球教学中最为常见的一种方法。网球教师可以按照教学任务挑选特定动作进行示范，让学生明白所要学习的规范动作、结构要领以及技巧方法。正确使用动作示范法可以帮助学生对各种不同类型的击球技巧加以掌握，并转化为自己熟练运用的技能。因此，网球教师要不断进行学习研究，持续改进示范动作。正确地使用动作示范法可以激发学生练习网球技术的积极性，促进其对技术、技能的掌握和发展。在对动作示范法进行具体应用时，应该注意以下几个问题。

1. 突出教学重点和难点

学生在学习特定网球技术动作的过程中，最重要的是要把握好这一动作中的要点与难点。因此，网球教师在示范教学的过程中必须明确分析每个技术动作中的重难点，并辅以言简意赅的讲解，从而让学生对动作的重点与难点加以掌握，附带的其他问题也会得到解决，有助于网球技能的顺利学习。

2. 确定示范的主要内容

（1）示范位置

教师在进行演示时，要选择好示范位置，应注意学生的站位应背向强光，保证自己示范的姿势动作可以让每个学生清楚地看到；应综合考虑队形长短和场地情况，在一般情况下，最好距离学生 2～3 米。

（2）示范重点

在高校网球教学中，教师的示范内容必须有轻重缓急之分。教师在示范时要考虑不同技术特点与能力水平的学生之间的较大差异，必须使每一个学生都可以准确地掌握正确的击球方法，并可以熟练运用这些方法来完成学习内容。教师在演示前应按照教学内容及任务，为学生规定一个合理的达标准则，明确示范的要点和任务。教师还可以先做完一个完整的演示，再进行分解动作示范或者重点动作示范等。

（3）示范动作

优美、和谐的示范动作可以给学生以极大的吸引力，创造有利的学习心理和生理条件，加速形成运动条件反射。在高校网球教学中，教师要通过正确而富有启发性的语言来诱导、启发学生进行思考。示范动作应具有层次性和逻辑性，先是完整的基本动作示范，然后结合慢动作与分解动作使学生的理解和记忆得到加深。同时应按照教学任务合理地安排练习强度与次数，并注意在不同情况下选择适宜的训练方法。此外，示范动作也要注意张弛有度、大方和谐，让学生的感官受到良性刺激，发现网球运动的美感，从而对网球产生强烈的兴趣，为取得更好的教学效果奠定坚实的基础。

（二）使用附加装置

在网球教学过程中，可以给球网加上一根细绳，以调整学生击球时的弧线，从而实现把球打得更远的目的；为了使学生能够更加准确地击球，可以将若干圆锥体置于对方的场地内，方便学生参考、判断落点位置。

二、语言法

语言法是一种效果很好的教学方法，透过有效的语言反馈，可以让学生从外部获取自己的完成动作是否正确的信息，从而帮助学生学习和掌握技术动作。在高校网球运动训练中，运用语言法可以取得事半功倍的效果，因此应重视语言法在网球教学中的应用。

在教学领域，语言法被证实为一种极其有效的教学方法，通过精准而富有启发性的语言反馈，学生能够及时获取关于自己动作正确与否的外部信息，这对于他们技术动作的学习与掌握至关重要。然而，在使用语言法进行教学时，也需要注意以下几点细节，以确保教学效果的最大化。

①具有针对性。在提供反馈时，应确保内容具有针对性，给出学生明确而简洁的指示，以便他们了解如何解决问题或纠正错误。这样的反馈有助于学生深入了解错误动作背后的原因。以练习正手击落地球为例，具有针对性的反馈可以这样说："请注意，你的击球点应该在身体的右侧前方，这样有助于你更好地发力。如果击球点过于靠后，会影响你的击球效果。因此，请务必做好准备，提前挥拍，确保击球点准确。"

②具有建设性。建设性反馈旨在肯定学生动作的积极之处，同时提供具有积极导向的改进建议。例如，在练习发球技巧时，给予的建设性反馈可以是"你的发球力量非常出色，已经给对手带来了不小的压力，但是，为了更好地掌握比赛节奏和增加得分机会，建议你更加精确地控制球的落点，并努力提升发球的稳定性"。

③具有时效性。在学生完成动作后，教师应尽快给予他们有效的反馈内容，此时，学生对刚刚完成的动作还保持着清晰的记忆和运动本体感觉，从而更容易从反馈中汲取有益的信息和启示。

④具有明确性。检查学生是否清楚地理解了反馈内容是十分重要的。因此，应该让学生告诉你他对你说的内容怎么想，或者他认为你想让他怎样做。

⑤针对可改变的行为。在给予反馈时，应当引导学生将注意力集中在他们能

够进行的动作改变上。例如，当发现学生击球动作正确但球速较慢时，教师应明确指出这可能是由全身肌肉力量不足所导致的。随后，教师可以建议学生加强身体力量训练，因为这样的训练可以有效地解决击球力度不足的问题。

⑥一次只纠正一个动作。教师在提供反馈时应当牢记，学生通常一次只能对一个指令或指导做出反应。因此，教师应当仔细观察并记录学生的所有动作情况，以便识别出其中最主要的错误动作。在给出反馈时，应确保一次只纠正一个错误动作，并且优先处理那些对整体表现影响最大的主要错误动作。

语言法主要包括以下两种具体方法。

（一）口头评讲法

口头评讲法是指教师在向学生传授知识、技术的过程中，对学生的技能掌握状况与思想作风及其他性能进行评价反馈的一种方法，应用非常普遍。例如，在高校网球教学中，教师可按照不同情况采用各种方法向学生传授一些基本理论知识。在网球技术的教学过程中，一般采用口头形式向学生提供即时反馈。教师要注意对不同层次的学生采用不同的评价标准，并及时进行调整。教师在对学生思想作风表现进行口头讲评时，原则上要实事求是，但是对于自尊心强、较敏感的学生，要注意方式与方法。如果可以抓住重点或关键处进行表扬和鼓励，就能使学生受到鼓舞。对屡教不改的学生则可以考虑态度适当严肃一些。

（二）自我暗示法

自我暗示可以形象地比喻为内心深处无声的对话。在实际运用中，可以采取心中默念的方式，或者展开丰富的联想来加强这种自我对话，但务必注意自我暗示设定的目标应当清晰，并与个人的实际情况紧密相连，只有这样才能真正激发有效的联想和动力。

三、练习法

练习法是指在网球教学过程中，针对特定的教学任务，通过有意识地重复执行同一动作来加强技能掌握的方法。这种反复练习的方式不仅有助于提高击球动作技术水平，还是形成高水平击球技能的基础和关键所在。在高校网球教学中，主要的练习法有完整练习法、分解练习法、循环练习法等。

（一）完整练习法

完整练习法是指把完整的击球动作从开始到结束连贯、流畅地进行挥拍练习的方法。例如，学生在基本掌握正、反手击球动作之后，应经常地、不断地，甚至每天多次进行徒手挥拍练习。

（二）分解练习法

分解练习法是指把完整的击球动作合理地分成几个阶段逐步学习、掌握，最后全部掌握的一种方法。例如，把正手挥拍击球动作分解成四个阶段，然后依次完成和掌握每个阶段的动作，直至将四个阶段的动作组合起来，进行完整的正手挥拍击球动作练习。一般来讲，正手挥拍击球动作的重点在第三个阶段，即向前挥拍击球的阶段。这需要从第二个阶段，即向后引拍的阶段开始，多练习向前挥拍击球的技术动作，直至将整个动作连贯起来，掌握完整、流畅的正手挥拍击球动作。

分解练习法如果运用不当，就容易破坏动作结构的完整性，从而影响正确的技术动作形成。因此，在进行分解练习法教学时，必须考虑各技术动作之间的有机联系，避免改变动作的结构。

（三）循环练习法

循环练习法是指根据网球教学的具体任务，为了提高某项技术水平而建立若干个小练习连贯地、周而复始地进行练习的一种方法。例如，在球感、球性的两人配合练习中，首先，一人颠球五次后颠送给另一个人颠球五次，再依次分别传递，各颠五次；其次，连续完成十个回合后，开始颠四次球相互传递，再到连续十个回合后，颠三次球传递，依此类推；最后，颠两次、颠一次球传递，直至类似于截击的直接连续传递球。这种方法就是网球教学中循环练习法的一种。

四、游戏法

游戏法是指在相关规则允许的情况下，教师选用游戏的形式来充分调动和发挥学生的创造性与积极性，进而顺利实现网球教学内容确定的相关目标，由此来组织学生学习的一种方法。

游戏法的特点如下：根据形象或象征性的内容来组织学生的游戏活动，并在不断变化或突然变化的条件下完成各种身体活动以达到预定的目的；只规定了达到目的的基本行为要求，但没有规定具体的行为方式，因此学生的活动具有较强的独立性，对发挥他们的主动性、积极性、创造性，以及提高其自我控制能力具有很好的作用；个人与个人或队与队之间的模拟紧张关系，形成一种"冲突"的场面，表现出合作与竞争的关系，能充分体现学生的道德品质。

五、分解教学法与完整教学法

（一）分解教学法

分解教学法就是将一整段网球技能动作合理划分为若干环节，按节逐个讲解，最后让学生从整体上把握动作技术的一种教学方法。分解教学可以化繁为简、变难为易，让繁杂的动作变得简单、明了，从而使教学过程简单化，提升学生的学习自信，有利于学生更快、更好地对复杂动作加以掌握。分解教学也与体育教学的特点和规律相符，它既能够促进教师教学质量的提高，又能够培养学生分析问题和解决问题的能力。然而，分解教学法如果运用不当，易导致动作割裂，损害动作结构完整性，最终影响正确动作的形成。

因此，在采用分解教学法时，必须让学生清楚地认识到被分割的那一部分内容在完整动作中所处的地位和所起的作用；同时，也要兼顾各个部位运动的有机联系，使得动作部分的分割不改变运动的结构完整性。分解教学法对完成某一特定的任务而言存在一定的优势，但它并不能完全取代整个动作的教学过程。经过分解教学，在学生基本掌握各部分的动作之后，教师要及时过渡到完整的动作教学中，应该清楚地认识到，分解仅仅是一种手段，完整才是宗旨。

（二）完整教学法

完整教学是指从动作开始直到完成，不分节、段而进行完整的教学。在高校网球教学中，此法是一种比较简便可行的教学方法，能够使运动完整，既不破坏动作结构，也不破坏各个部位内在的联系，便于学生全面掌握正确的技巧。因此，它被许多国家广泛采用。完整教学法通常用于讲解较简单的技能动作中。

（三）分解教学法与完整教学法的综合运用

教师要按照动作复杂程度以及学生接受能力等因素对适当的教学方法进行选择。在讲解简单技术时，完整教学法比分解教学法效果好，但在复杂动作的教学上，分解教学法又比完整教学法效果好。在高校网球教学中，教师可按照不同对象的具体情况，灵活运用这两种方法来完成教学任务、进行教法设计和组织实施。对于有良好基础和学习能力的学生而言，适合使用完整教学法施教；对于水平一般或基础较差、学习能力较弱的学生而言，应该采用分解法进行教学。总之，采用的教学方法既要体现因材施教原则，又要便于教师组织实施和控制教学进度。

六、预防法与纠错法

（一）预防法

预防法是指教师在进行授课时采取多种有效的手段预防错误动作发生的一种教学方法。它是一种有目的、有意识地运用一些措施和办法来避免和纠正学生错误动作的教学方法。在教学时，教师要按照教材的内容和特点，预先提醒学生可能出现的差错，或者从教学手段的角度重视防范；对于已经出现或意外出现的错误动作，应及时予以纠正，避免学生形成固定的错误动作，减小错误动作的发生率。

（二）纠错法

纠错法是指教师针对单个学生的错误或者绝大部分学生的共性错误，采取有关方法进行纠错。正误对比法、矫枉过正法、附加条件法、限制教学法等都是比较常用的纠错法。

网球教师在预防和纠正学生错误动作时，首先，需要深入探究错误产生的根源。针对不同学生可能存在的具体问题，如学习目标不明确、技术概念理解不透彻等，教师应制订个性化的解决方案。其次，师生间的互动与沟通也至关重要，教师需确保自身的教学方法和解释清晰明了，避免学生因理解偏差或态度敷衍而产生错误动作。一旦发现学生出现错误动作，教师应立即组织学生进行动作要领的讲解与示范，并在最短时间内给予纠正。再次，针对部分学生因担心动作幅度过大而出现的腰部和腿部不动等错误，教师应耐心讲解原理，并通过实例加以说明。最后，对于那些身体素质相对较弱的学生，教师应设计专门的体能训练计划，以帮助他们提升基础能力。总体而言，教师在采用纠错法时，应紧密结合学生实际情况，采用具有针对性的方法和策略，确保教学质量和效果。

第三节 高校网球教学模式的创新

一、合作探究式教学模式

合作探究式教学模式是指在授课教师的科学引导下，给学生制订一个合理的学习策略，以小组教学和班级集体教学为基本形式，帮助学生完成各种学习任务，做到保护和满足学生对知识的好奇心和求知欲，最大限度地激发学生的学习兴趣和自信心。此外，在合作探究式教学模式中，授课教师以书本教材为理论依据，按照学生自主合作、探究学习的特点，提高学生对书本基本理论知识的整体认知水平与理解程度。

综合上述，高校网球教学中的合作探究式教学模式是指在网球教学过程中基于小组合作学习，以教材为基本探究内容和逻辑起点，将集体教学和小组学习进行有机结合，发挥学生在课堂上的主观能动性，并使学生在小组成员和教师的助力下不断获得学习体验。

（一）合作探究式教学模式的要素

1. 合作探究式教学模式的指导思想

在素质教育的背景下，合作探究式教学模式的指导思想是"主动参与、乐于探究、勤于动手"，这改变了传统教学复杂的"权威—服从"式师生关系，并把"指导—参与"作为全新的师生关系。相比于传统的教学模式，两者在本质上存在很大的区别，合作探究式教学模式更重视教师的引领作用和学生的主体地位。融合合作与探究两种教学模式的优势，可以使学生获得更多的乐趣，其独特的教学特点也能真正促进学生德、智、体、美、劳全面发展。此外，在教学活动过程中，教师会设置合理的问题情境，让学生收获正确的理念和认知；引导学生自主参与活动，采用小组之间合作探究问题的方法，打造自由、和谐、愉快的教学氛围。

2. 合作探究式教学模式的教学目标

教学目标对合作探究式教学模式具有一定的稳定性作用。例如，教师对课前教案设计和整理、学生课前自主学习和交流、教学过程中对学生划分异质小组、教学结束后总结课程等都要有明确的教学目标。此外，教学目标达成与否是对教学质量进行验证的关键所在。因此，在高校网球教学中运用合作探究式教学模式时需要明确以下教学目标。

（1）运动参与目标

通过合作探究式教学模式提升学生的运动参与度，充分凸显学生在教学中的主体地位，激发他们的主动性和创造性。同时，致力于培养学生对体育锻炼的浓厚兴趣，帮助他们养成良好的运动习惯，从而增强他们对网球运动的热爱和自觉参与锻炼的意识。这样，学生不仅能够积极投入学习过程，还能在参与中享受运动的乐趣，实现身心健康的全面发展。

（2）运动技能目标

通过实施合作探究式教学模式，可以有效提升学生的体育运动技术水平。在这一过程中，关键是确保大多数学生能深入理解体育运动项目的基本理论，并学会科学的锻炼方法。同时，他们还需熟练掌握各项目的基本技术动作，从而为终身参与体育活动奠定坚实的基础。

（3）情感态度目标

通过合作探究式教学模式的学习，可以确定培养学生情感态度的目标。在这一过程中，关键是要引导学生主动了解和探索学科知识，培养他们积极的学习态度和正确的人生观。这样学生不仅能够更好地掌握知识，还能够形成高度的社会责任感和使命感，成为对社会有益的合格公民。

（4）身体与心理健康目标

通过合作探究式教学模式的学习，可以有效提升学生的身体健康水平与心理健康水平，培养学生的创新创造精神和社会实践能力，不断增强学生坚持锻炼的意志品质，使其学会调节自身与他人的关系。

（5）社会适应性目标

通过合作探究式教学模式促进学生提高社会适应性，需要培养学生的合作与探究意识，教会学生主动关心和爱护他人，学会实现个体的全面发展。

3. 合作探究式教学模式的主要特点

（1）异质分组，科学合理

在合作探究式教学模式中，异质分组能够确保班级内小组成员分配的合理性，科学地确保班级内每一个组别之间的差异均衡，成为合作探究教学模式成功的基本条件。

（2）分工明确，优势整合

在合作探究式教学模式中，分工明确能够把教师设置的教学任务合理地分配到小组每一个成员，通过彼此之间高效率的配合和沟通取得理想的效果。优势整合的关键在于小组分工与协同努力，通过成员间的相互合作与深入探讨，激发学生的积极参与热情，进而在小组成员之间形成强烈的相互依赖关系。

（3）角色转变，共同领导

在合作探究式教学模式中，角色转变可以让每一名同学都在小组内、整个班级内扮演不同的角色，有的是合作者、有的是探讨者、有的是领导者等。共同领导正是通过角色的转变和变化，让小组内每一个成员增强自身的责任感和主动性，从而形成一个不可分割的教学整体。

（4）公平竞争，互帮互助

在合作探究式教学模式中，公平竞争能够推动小组成员之间积极竞赛，让每一名学生知道合作探究的重要性。互帮互助正是通过公平竞争来实现的，可以让个人努力和集体努力发挥出最大作用。

（二）合作探究式教学模式在高校网球教学中的应用

1. 合作探究式教学模式的应用价值

结合合作探究式教学模式的种种优势，将其应用于高校网球教学中，在培养学生团队合作精神与竞争意识等方面具有十分重要的作用，具体如下：

第一，在高校网球教学中融入合作探究式教学模式对学生身体素质具有影响。通过团队合作，指导学生进行科学的网球训练，对学生下肢力量、弹跳能力的提升等均具有促进意义，这些能力的提升又对学生的身体素质有一定的提高作用。

第二，在高校网球教学中融入合作探究式教学模式对学生网球技术水平的提升具有显著影响。通过分组教学的形式，运用这一教学模式可以有效地传授网球技术知识，并鼓励学生在小组内部自主开展学习和练习。这种教学方法不仅有助于提升学生的自学能力，还能培养他们的合作精神，便于学生更好地掌握网球运动的重难点，不断提高其网球技术水平。[①]

第三，在高校网球教学中融入合作探究式教学模式对学生交往能力具有影响。小组合作学习活动的开展在锻炼学生人际交往能力方面起到了积极作用。首先，在学生小组中学生之间更容易进行沟通与交流；其次，处于明显竞争氛围中的学生更愿意表现自我；最后，可以在合作中形成融洽的师生关系与同学关系，这样更有利于提高学生与他人交往的能力。

综合而言，在高校网球教学中，利用合作探究式教学模式可以使学生的团队精神与竞争意识得到有效培养，从而更好地促进学生的发展。

2. 合作探究式教学模式的应用策略

结合目前高校网球教学概况，考虑到在教学中融入合作探究式教学模式的实际价值，现从如下方面提出具体的应用设想，以便有效提高网球教学的成效。

（1）强化学生间的交流互动

在高校网球教学中，合作探究式教学模式以其显著且直观的优势有效地促进

---

① 文锴. 高校网球教学中采用合作学习法教学的实验研究［J］. 文体用品与科技，2015（13）：37-38，31.

了信息的交流与共享，成为其实践应用中的一大亮点。教师在运用这种教学模式时，不仅充分利用网球课的课堂学习时间，还积极调动学生的课下时间，鼓励他们通过合作的方式完成学习任务，从而为学生间的沟通交流提供了更多机会。

例如，教师在向学生传授网球技术技能知识时，有针对性地将学生分为课下学习小组，鼓励学生利用课下时间进行课堂学习心得的交流；然后，通过一段时间的观察，对学生进行第二次分组，帮助学生度过磨合期，以便更好地了解个人的能力素质与性格因素等情况。为有效提高小组合作的成效与学生进行沟通，发现学生多在学校的网球场、休闲区、食堂、宿舍、教室等场所进行网球技术技能与理论知识的交流，长此以往可以保证学生更为深入地理解所学的学习内容，相较传统教学模式更有助于取得较好的教学效果。

（2）营造良好的合作空间

教师在开展网球教学时应充分运用合作探究式教学模式，让学生自主参与到学习中，提高学生合作积极性，达到发挥学生主体性的目的。需要注意的是，在高校网球教学中，教师利用合作探究式教学模式来对学生进行教育指导，需要结合学生的个体差异性与身心特征，通过给予学生充足的时间与空间来引导学生自主参与网球合作活动，让学生感受到网球运动的乐趣，使其在实践练习中可以有效掌握好合作技能。

例如，在对网球截击球这个知识点进行讲解时，教师会花费较少的时间来进行基本姿势的讲解，并将课堂的部分时间用在合作探究方面，指导学生自主参与到截击球的合作学习中去，营造良好的合作氛围；待学生对技术要点进行有效掌握后，选出小组进行课堂演练，找出小组成员在实际学习中的误区，如存在拉拍时间不够、预判不及时、近身截击难处理等错误动作，再进行正确的动作示范。通过鼓励学生之间进行合作，学生在课堂学习时将更主动地投入，有助于学生主动探索与提升合作兴趣，从而使学生的网球运动技术水平不断提升。

（3）做好日常练习的学生分组工作

为实现合作探究式教学模式在高校网球教学中的有效应用，教师在开展网球教学时需充分考量学校的网球场地条件以及班级学生的实际情况，科学合理地进行小组成员划分。在日常练习过程中，分组工作的合理性至关重要，因此教师在对学生进行分组时需要特别注意以下几点。①教师要明确各小组成员的位置，如练习人员、检查人员等，并安排小组成员相互检查来约束自我与他人。等到小组成员练习量达到 30 个球之后，各个成员可交换位置，以确保小组成员都能得到相应的锻炼。②教师可从小组自由组合方面来考虑学生分组。在分组前，鼓励学生做好充分的准备，以充分了解彼此。他们可以选择与自己运动能力相当、性格互补的团队成员，这样有助于形成一个相互支持、共同进步的学习氛围。③教师要制订小组规章制度，选择一名备受学生推崇的小组组长，确保组长带领小组成员学习，形成互帮互助、团结友爱的小组学习氛围，指导学生朝着共同目标前进。

例如，为了帮助学生高效掌握网球技能，教师要精心设计多球练习环节。在实际操作中，教师充分考虑学生的兴趣爱好和个性差异，合理划分学习小组，并充分尊重学生的意愿来确定最终的小组成员。在小组合作练习开始前，教师首先安排学生进行握拍、站位、挥拍等基本动作的预热练习，以帮助学生熟悉网球的基本动作要领。随后，教师指导学生合作完成手抛球喂球练习和球拍送球喂球练习的任务，通过互相配合和协作，提高学生的球感和击球准确性。按照班级学生的人数，教师将学生分成 5 ~ 8 个小组，并选出个人表现最佳且具有领导能力的学生担任各小组组长。这些组长将带领小组成员进行多球练习，确保每个学生都能在练习中得到充分的锻炼和提高。

需要强调的是，在具体练习过程中，教师应与各组组长保持紧密沟通，确保教学顺利进行。针对球感差异，教师应鼓励球感较好的学生协助球感稍差的学生进行练习，实现互帮互助。同时，教师应着重强化学生判断落球点的意识，通过严格要求，逐步提升学生的击球次数和改变击球路线的能力，进而提升学生的技术水平。在完成小组练习任务后，教师还应组织多球练习技术交流会和学习心得分享活动。这些活动不仅有助于促进小组成员之间的交流与合作，还能加强各小组之间的互动，共同提升技术水平。通过分享学习心得和技巧，学生可以相互学习、共同进步，从而有效提高小组合作效率与合作质量。

（4）培养课外任务中学生的合作创新能力

在高校网球教学中融入合作探究式教学模式，其作用不仅局限于课堂教学，还能在课外任务的完成中延续和拓展合作学习的深度。由于课堂教学时间有限，一些复杂的教学内容难以在有限的时间内全面呈现。因此，教师在每次教学活动结束后，都会为学生布置课外任务，如步法练习、课程复习等，以帮助学生巩固和深化理论知识。同时，网球动作练习的难度各异，短暂的课堂教学往往难以确保学生对所有内容都能充分理解和掌握。这时，引入合作探究式教学模式就显得尤为重要。通过布置课外任务，鼓励学生进行小组合作学习和练习，不仅能够加强小组间的监督，还能促进学生之间的交流和协作，共同攻克学习难题。因此，教师在布置课外任务时，需要综合考虑各种教学要素，从教育角度的多样性出发，引导学生进行合作学习和练习，帮助他们更好地掌握网球知识与相关技能，并且提高学生的合作学习能力，激发他们的创新意识。

二、运动教育教学模式

（一）运动教育教学模式概述

1.运动教育教学模式的概念

美国体育教育家达里尔·西登托普经过十几年的研究与实践，提出了运动教育教学模式。运动教育教学模式是一种以游戏理论、团队学习理论以及情景学习理论为基石的教育方法。它强调教师在体育教学中扮演直接指导、设计和组织的角色，并鼓励学生通过合作学习和同伴学习的方式深化理解与进行实践。在整个教学过程中，该模式采用固定分组、角色扮演等组织形式，以比赛为核心线索，为不同运动水平的学生提供真实且丰富的运动体验。[①]

2.运动教育教学模式的特征

运动教育教学模式具有以下几个显著的特征。

第一，在运动教育教学模式中，教学单元是一个核心且基础的概念。从本质上讲，单元的大小直接关系到教学过程的时长。当在体育教学中采用运动教育模式时，可以将传统的教学单元形象地比喻为"运动季"。这种比喻有助于更细致地理解体育教学的整个过程，并根据不同教学单元确定教学目的、教学任务。

第二，运动教育教学模式将教学单元巧妙地划分为三个紧密相连的阶段：一是季前期，为学生奠定基础，做好准备；二是正式比赛期，学生将在比赛中充分展示所学技能；三是季后赛期，用于总结和反思，并为下一轮的学习做好铺垫。

第三，在运动教育教学模式的组织上，教师参考一定的依据把学生分成若干小组，从教学开始，学生就在小组团队中学习。在整个教学周期中，每个学习小组的学生携手并进，共同开展学习。他们齐心协力制订学习计划，通过协商确定练习技术，一同体验成功的喜悦与失败的难过。他们紧密团结，共同捍卫小组的荣誉，为小组的进步而努力奋斗。

第四，在整个教学周期中，教师主要扮演着教练和赛事组织管理者的双重角色。为了充分激发学生的主动性和创造性，教师需要适度放权，将更多决策权赋予学生团队。在比赛规程的制订以及比赛规则的商讨与讨论过程中，教师应与学

---

① 马冬. 运动教育模式在普通高校网球课教学中的应用研究［D］. 济南：山东体育学院，2012.

生共同参与、共同决策，最后加以确定。

第五，竞赛是运动季的核心环节，主要由季前赛和正规竞赛两种类型构成。在竞赛过程中，应采用多种比赛形式，如对抗练习和循环竞赛等，以丰富竞赛内容，提高学生的参与度。在组织竞赛时，应充分发挥学生的主体作用，让他们在各种赛事中担任记录员、裁判员、编委和管理者等不同的角色。通过这样的实践，学生能够深刻体会不同角色的职责与作用，从而更全面地了解和参与竞赛过程。

第六，教师和学生共同制订比赛的细则和程序，采用有效的措施来公平、公正地进行竞赛，树立公平、公正的体育竞赛理念。只有确保了竞赛的公平、公正，才可以更好地激发学生参与比赛的积极性，更好地发挥学生的主体作用。

3. 运动教育教学模式的意义

运动教育教学模式具有以下几个方面的意义。

①在高校网球教学中采用运动教育教学模式可行有效，这通过对比分析参照班和实验班的学生的学习情况就可以反映出来。调查发现，相比于参照班的学生来讲，实验班的学生可以更好地掌握基本技术，更好地理解网球理论知识和比赛知识。

②将运动教育教学模式应用于高校网球教学中能够有效地确立并巩固学生的主体地位，让他们在学习过程中发挥更大的主动性。同时，这种教学模式有助于提升学生的网球技术水平，让他们在实践中不断磨炼技艺，提高竞技能力。此外，通过运动教育教学模式，学生还能够增强发现问题和解决问题的能力，培养独立思考和创新的意识。最重要的是，这种教学模式还能够帮助学生树立运动参与意识，强化他们的终身体育意识，为他们的身心健康发展奠定坚实的基础。

③将运动教育教学模式引入高校网球教学中有助于塑造学生积极的学习态度，激发他们的进取精神。在这种教学模式下，学生能够树立明确且正确的学习动机，提高他们的学习兴趣。

④将运动教育教学模式融入高校网球教学中能够使学生真切地体验到网球比赛的紧张与激烈，从而有效培养他们的战术意识和竞技能力。在这一过程中，学生将学会以正确的心态理解和看待比赛的输赢，正确面对胜利与失败，提高学生承受挫折的能力。

⑤将运动教育教学模式运用于高校网球教学中有利于提高学生的心理健康水平和社会适应能力、人际关系处理能力，从而有效提高学生的整体健康水平。

（二）运动教育教学模式在高校网球教学中的运用

1.树立网球运动教育教学模式理念

新的网球教学形势要求重新确定网球课程体系理念，突破"关心学生技能的发展"这一传统的理念，树立"关心学生技能与情感协调发展"的新理念，即在综合考虑学生身心特征与个性发展需要的基础上制定网球教学大纲、安排网球教学内容、选择网球教学手段、设计网球课程，从而更好地促进学生身体素质、心理素质、社会适应能力及知识技能的协调发展。在高校网球运动教育教学模式中，教师不再只是网球课程的执行者，更是网球课程的参与者和创造者，角色发展转变的教师不能只是机械地传播知识，而应重点培养学生的学习能力与创新能力。除了教师的角色发生转变外，学生的角色也会发生相应的变化，学生不能只是被动接受教师传授的知识技能，而应主动探索、积极参与教学过程。高校网球运动教育教学模式理念在很多方面都符合新时期的网球教学要求，结合我国高校体育教学指导思想对网球运动教育教学模式的理念重新进行确定，可以为我国高校网球教学的创新提供有意义的指导。

2.制订网球运动教育教学模式目标

我国高校体育教学目标形成于学生健身、心理和社会适应等基本需求的满足上，即在培养学生综合体育素质的同时，促进其自主锻炼能力的提高和终身体育锻炼意识的形成。意识养成、积极参与、感知体验、合作交流、增进提高等是运动教育教学模式下体育教学目标的具体表现，因此在高校网球教学中，应从以下几方面出发对教学目标进行设置。

①着重强调学生的积极参与，鼓励他们全身心投入网球运动，从而全面提升他们的身体素质水平。

②通过整个教学周期的技术学习，学生能够熟练掌握网球的基本技术，并在实战中深刻体验网球的乐趣与魅力。这种体验将激发学生的积极性，使他们更加主动地参与到网球运动中，形成自觉参与的意识和积极的学习态度。同时，这种教学模式也有助于学生养成良好的体育锻炼习惯，为他们的身心健康发展打下坚实基础。

③教师指导学生进行合作学习，使学生学会并乐于交往，促进学生交往能力的提高，使学生在不同的角色中都可以履行好自己的责任；通过给学生安排不同的角色，使学生发现自己的价值，增强学生的自信心、责任感及社会适应能力。

④教师通过网球文化知识教学，使学生对运动规则、运动礼仪、传统习俗

有更好的理解，从而提高学生的文化素养。运动教育教学模式在不同阶段设定了具体的教学目标，这些目标虽各有侧重，但在实际教学过程中却相互交织、互为支撑。只有成功实现每个阶段的目标，才可以从整体上推动学生实现全面发展的宏大目标。

3. 确定网球运动教育教学模式过程

在高校网球运动教育教学模式中，采取"运动季"的形式进行教学是该模式教学过程中的一个重点内容。在高校网球教学中融入运动教育教学模式，应整合不同的教学阶段，并在网球教学的不同环节及阶段设置不同侧重的要求。在"运动季"中，虽然不同教学阶段各有其教学重点，但在教学伊始，应着重强调基本技术的练习与掌握。这是因为学生能否熟练掌握网球基本技术直接关系到整个教学过程的最终效果。

4. 构建网球运动教育教学模式评价体系

在高校网球教学中，评价体系扮演着举足轻重的角色，它不仅能够客观评估教学效果，还能够精准衡量学生的学习成果。评价体系的核心目标在于通过反馈与调整，不断优化教学方法与策略，从而切实优化教学效果，确保学生能够在网球课程中取得实质性的进步与成长。网球运动教育教学模式强调在对学生学习的评价体系中以综合评价为主，学生的体育认知能力、学习态度、合作精神、技战术水平等都是评价的重点内容。该评价体系更注重过程评价，弥补了传统评价体系中单一终结性评价的不足，注重综合考量学生的学习过程，可以在更大程度上发挥教学评价在促进网球教学发展、提高网球教学质量方面的作用。

三、网球体验式教学模式

（一）网球体验式教学模式的合理性

1. 与传统教学模式对比的优势

相比于传统教学模式而言，体验式教学模式在教学侧重点、师生互动、教学程序、评价方式等方面均有一定优势，具体来讲主要体现在以下方面。

（1）教学侧重点的优势

在传统教学模式中，一节网球课的重难点通常集中在本节课所要教授的知识与技能上，而通常会忽视学生对教学内容所表现出的情感态度，从而降低学生参与课堂的积极性。在体验式教学模式中，除了教授学生知识与技能外，还需要发挥教师的主导作用，通过创设相关的情境激发学生对学习内容的兴趣。体验式教学模式可以使学生在体验中发现问题，在实践中解决问题，培养其独立反思能力和解决实际问题能力，引导学生之间进行交流合作，增进学生间的感情，拉近彼此距离，提升教学效果。

（2）师生互动的优势

在传统教学模式中，互动是指教师单纯地对学生进行知识输出，而互动频率则取决于教师对课堂进展的把握程度。在体验式教学模式中，教师则更注重学生的主体性，会留给学生更多体验学习的机会。学生在实践活动中通过感受、发现问题、反思与再次实践，不断构建属于自己的认知体系，从而不断提升自身的学习能力。在体验式教学模式中，教师通过设置合理的团建游戏，让学生以小组合作的方式进行组内、组间展示和沟通，并在体验中不断对自己的认知进行构建。教师通过创设情境、提供给学生更多交流的平台并支持学生在实践中探索反思，使学生从"学会"变成"会学"。

（3）教学程序的优势

在传统教学模式中，教师往往采用先教学后答疑的方式，将大部分时间用于固定的技术动作讲解和示范中，而留给学生练习和纠错的时间则相对有限。这种单向的"传递—接受"方式往往导致课堂氛围沉闷、缺乏活力。相比之下，体验式教学模式则更注重在教法与学法上进行创新与改善。它采用先体验后教学的方式，避免了直接传授内容的单调枯燥。教师会创设与教学内容相关的教学情境，让学生先参与其中，建立直观感受。同时，通过安排团队游戏等方式，培养学生的团队意识和竞争意识，营造活跃且和睦的课堂气氛，从而激发学生参与课堂学习的积极性。在体验式教学模式中，学生的学习方式以探究为主、问询为辅。他们通过亲身体验、观察反思、交流探讨等多种形式来领会教学情境中所要传达的关键信息。这样的学习方式不仅有助于学生掌握技术动作，还能提升他们的综合素质水平。

（4）评价方式的优势

传统教学模式比较看重学生的成绩，偏重以学生的考勤和测试成绩来决定其网球课程的表现。因此，学生通常在学期末为了考试而练习，从而与课程开设的最终目的背道而驰。体验式教学模式不仅依据考勤和技术测评成绩，还更多地按照学生上课表现采用教师点评、组内互评、组间互评等多种评价方式，重视提升学生的综合能力，强调学习过程和学习结果并重。

综上所述，体验式教学模式是对传统教学模式的深化与拓展，旨在探索更加多元化的教学路径。在传统教学模式中，教师往往侧重于学生对知识与技能的掌握，扮演着主导和控制的角色，聚焦于规范化知识与技能的传授，并关注学生的技能学习反馈。然而，这种模式下学生的其他情感体验常被忽视，师生之间的互动往往局限于教学内容的"授—受"关系，导致课堂任务显得单调且缺乏有效沟通。与之不同，体验式教学模式秉持以学生为中心的教学理念。在保障教学任务完成的同时，体验式教学模式特别注重师生之间以及学生之间的交流与互动。通过在课前和课中融入团建游戏，有效激发学生参与网球课程的兴趣和积极性。教师在学生学习知识与技能的过程中，引入多样化的趣味辅助练习，使其学习过程更加生动有趣。体验式教学模式强调学生通过亲身体验来学习，并与搭档分享经验、共同解决问题，从而营造一个活跃、互动的课堂氛围。这样的教学方式不仅提升了学生的学习效率，还促进了学生之间的合作与交流，取得了事半功倍的效果。

2. 与体育教学的实践特点相吻合

体验式教学模式能否适用于体育教学，能否促进体育教学的开展，首先需要对两者的含义进行分析，进而对两者间是否存在相关性进行探寻。体育活动作为一种有意识、有组织的社会活动，其核心在于通过身体练习这一基本手段增强个体的身体素质，提升运动技术水平，进而推动人的身心全面发展。同时，体育活动也承载着丰富社会文化生活、促进精神文明建设的使命。体育教学则是这一过程中不可或缺的一环。它强调师生共同参与，教师在其中扮演传授知识与技能的角色，旨在增强学生的体质，同时注重培养他们的道德情操、意志品质和综合素养。网球教学作为体育教学的重要组成部分，与其他体育教学形式相似，其核心在于学生的亲身参与。通过参与教学活动，学生的身体素质和技能水平得以有效提升，这也是网球课相较于其他理论课程的主要特色。然而，网球教学的内涵远不止于身体与技能的训练。在网球教学活动中，同样注重培养学生的意志品质和团队精神，期望学生在网球运动中展现坚韧不拔、勇往直前的品质并学会在团队合作中相互支持、共同进步。此外，网球教学还致力于促进学生情感认知层面的升华。这正是网球教学不断探索与改革的方向，也是期望学生在网球学习中能够获得的宝贵财富。

综上所述，网球体验式教学模式主要围绕以下两个层面进行。一是基于身体层面的体验，即认为体验是一种实践行为，是学习者需要亲身经历的过程。由于人体是由各器官系统构成的有机整体，因此身体的"体验"是人体最为直观的感受。二是精神层面的体验。人们在活动中身体通过各种感官来认识外部世界的各种事物，通过大脑思考事物之间的各种因果关系，并伴随着各种情感体验，因此，内心体验就是在行为体验认识的基础上所发生的内化和升华的心理过程。体验式教学模式中，师生进行的情境体验是由教师在教学前基于教学内容的重难点和学生特点进行创设的，让学生通过练习、观察、独立思考、合作探讨进而达到自主构建知识的水平。因此，在理论层面上，体验式教学模式可以基于体育教学亲历性的优势促进教学实践的开展。

3. 通过激发兴趣促进学生对网球技术动作的学习

如今，高校网球教学中多数技术动作的教学通常可以看成理论课中"记公式"的过程，理论课中学生记住公式后便开始在课后的练习题中不断地套用公式进行解题，当教师结合新的题型时学生却不能及时对所学的公式进行调用。虽然网球课具有其独特的"亲历性"，但教学中仍需让学生记住"动作要领"，并且需要结合后续的练习任务强化技术动作。在这之后，学生虽然看似对技术动作有所掌握，但在遇到不同的实际环境时很难使用所学的技术动作。

例如，网球技术教学可以通过教师的精炼讲解配合动作示范让学生在脑海中建立动作表象，而后通过长期的练习让一些学生最终可以对技术动作加以领悟，但对于大部分学生来讲，合理的网球技术动作并不能仅依靠示范和练习就可以掌握。要求初学者在一开始就将所有的技术细节一次性做到位显然是不现实的。过于强调某一点又会导致顾此失彼，让学生在击球时变得紧张。因此，想要实现技术方面的巩固，首要条件是进行大量的学习与练习。在学校安排有限的课时内，想让学生主动学习、领悟技术动作，首先要做的就是把技术简单化，让学生能尽快上手，从而对运动项目产生兴趣，进而结合在体验练习时遇到的问题去思考如何解决这些问题。针对教学重难点则需要教师采用创设辅助教学情境等方式让学生去体验领悟，而这正符合体验式教学模式的理念。体验式教学模式就是按照学生的认知特点及教学目标营造不同教学情境，引导学生在多次实践体验中寻找问题，自主建构知识、习得技能，通过观察、交流、合作等环节反复提炼与完善自我认知的一种教学模式。因此，结合体验式教学模式的体育教学可以促进学生对技术动作的理解与掌握。

4. 可以满足当前学生的发展需求

高校体育教学作为学生系统接受体育教育的最后阶段，承载着重要的使命。高校体育教学理念的核心在于提供一种愉悦的人本体验，旨在让学生在掌握基本技术、发展体能素质的同时，能够感受到体育运动的独特魅力。

体验式教学模式强调按照学生的个体特征和需求，并结合他们已有的知识背景和生活经验来精心创设教学情境。通过体验的方式，激发学生的兴趣和动机，引导他们主动参与到知识建构的过程中来。在实施体验式教学模式时，应注重教师教法的创新和学生学法的引导，确保所运用的教学方式符合学生的认知特点。在体验式教学模式中，学生在教师的引导下，通过参与教师创设的情境进行体验、反思。随后，他们通过交流、讨论进一步完善所获得的知识，并将其应用于实践中进行检验。这种循环往复的过程不仅有助于巩固知识，还能在互动中提高学生的综合能力。

（二）网球体验式教学模式的实施

1.网球体验式教学模式的实施条件

不同的教学模式均有其自身的适用范围，此处结合实践列出三点针对在网球课程中实施体验式教学模式所需满足的条件。

（1）基于教学内容重难点创设练习情境

在网球运动教学中，直观讲解示范教学虽然能够让学生短暂记住技能的动作要领，但在实践操作练习中部分学生却常常顾此失彼。以网球正手击球动作教学为例，教师通常将其分解为"侧身、左腿上步、架起左手，右手向后拉拍，然后拍柄对准球、固定手腕、在身体前击球，击球时拍子要垂直于地面，在与前脚脚尖齐平的右前方挥拍击球，随挥、将拍子收到肩后"，其中还要特别强调"眼睛盯准球、转肩、顶胯、上半身保持稳定、重心随球往前、目视前方等"。这是正手击球动作教学中需要教师对学生讲解的"知识点"，但对于作为初学者的学生来讲，看似简单的动作却要注意很多复杂的细节，他们不可能在一次短暂的击球过程中将所有的动作做到位。

因此，教师针对上述问题要做的是化繁为简，牢牢抓住教学重难点，借助易操作且与学习内容具有高度相似性的辅助练习进行导入，让学生从简单的技能开始逐步过渡到教学关键点，让学生自始至终都在教师引导下进行学习和练习。由于教学过程环环相扣，提升了课程练习的密度，因此，基于教学内容重难点创设练习情境帮助学生，强化学生对运动技能的掌握是网球课中实施体验式教学模式的必要形式。

（2）教学情境创设需符合学生最近发展区的水平

在网球课的情境创设中，需要着重考虑两大关键要素。首先，采用的教学方式必须易于学生理解并接受，确保他们能够轻松融入课堂。其次，教学情境必须充满趣味性，以充分激发学生的参与热情。为此，创设的教学情境需与学生的认知水平和能力水平相匹配，引导他们结合自身知识背景，在教学情境中产生新的思考，调动积极情绪，从而营造活跃的课堂氛围。这样的设计不仅有助于拉近师生之间的距离，还能增强小组成员之间的互动，显著提升教学效果。以网球教学为例，教师在教授反手挥拍击球动作时，可以让学生使用包裹了拍套的球拍进行练习，或者通过转体抛接篮球等重量适中的物体让他们更直观地感受腰腹发力的技巧；在教授截击动作时，为了防止学生引拍过大，可以在他们的腋下放置一根细棍，帮助他们在实际操作中体会手臂与身体协同工作的重要性。

（3）教师需具备基本的课堂组织能力和专业知识

教师需要加强与学生的交流互动，拉近与学生的距离，深入了解学生的基本情况；需要按照学生的特点进行合理分组，更好地满足学生的个性化需求。在授课过程中，教师应精简提炼授课内容，避免冗长的讲解，以提高学生的学习效率；应创设互动性较强的教学情境，鼓励学生积极参与。在学生参与教学情境的过程中，教师应及时给予引导，帮助学生解决疑问，确保他们能够充分理解和掌握知识。同时，通过促进学生之间的交流合作，可以激发他们的学习热情，避免情绪低落的情况发生。

2. 网球体验式教学模式的实施方法

体验式教学模式的实施方法丰富多样，常见的类型包括示范教学、角色模拟教学、游戏导入教学以及比赛教学等。在开展一节完整的体验式教学课程时，虽然可能需要综合运用多种教学形式，但核心始终是确保学生能够亲身参与并深入体验。网球教学本身就具备亲身参与的特性，因此，在体验式教学模式中应充分利用这一特点。高校网球课程的基本目标是让学生喜爱并熟练掌握网球技能，在强身健体的同时，培养其体育锻炼的意识和坚韧不拔的品质。为了达成这些目标，网球课程的开始部分除了进行必要的热身活动外，还应注重提高学生参与的积极性。可以采取设置能够建立技能迁移的辅助性练习、增进师生感情的团建游戏，以及播放相关运动宣传视频等方式，激发学生的参与热情。在课程的基本部分，可以采用问题探究、合作讨论、模拟竞赛等教学方式，不仅能够让学生掌握网球知识和技能，还能锻炼他们独立思考和寻求合作解决问题的能力。

四、快易网球教学模式

快易网球教学模式作为一种先进且适宜网球初学者的教学模式，通过采用

"大球小场"的教学方式，为初学者提供了更为友好的学习体验。使用大球进行教学的显著优势在于初学者能够更轻松地控制球的走向，从而降低学习难度；而小场地的运用则有助于减小击球所需的力度，使初学者在节省体力的同时也能更好地掌握击球技巧。回合数的不断增加可以极大地激发学生的学习兴趣。学生在享受网球带来的乐趣的过程中，逐渐深化了对网球的喜爱，最终成为真正的网球爱好者。

（一）快易网球教学模式的作用

1. 有利于提高网球课教学质量

传统的网球教学模式以教师为主导。首先，教师通过示范和讲解技术动作，将复杂的技能拆解为多个小单元，指导学生逐一练习，直至达到技术动作的自动化阶段，从而达成教学目标。在此过程中，教师往往会安排大量的重复练习，以徒手训练为主，使学生掌握基本技术。其次，教师安排学生进行大负荷、高强度、枯燥乏味、形式单一的排队式多球训练。这种以教师为中心的注入式教学模式存在明显的局限性。学生在这种模式下往往处于被动学习的状态，缺乏主动参与和探究的机会；同时，师生之间缺乏有效的交流与沟通，教师难以深入了解每个学生的兴趣爱好、学习特点以及求知欲望，导致教学难以真正满足学生的个性化需求。

与传统的网球教学模式不同，快易网球教学模式以其高效性和灵活性成为初学者迅速掌握网球基本技术的理想选择。该模式能够充分利用多样化的器材，并且可以通过调整网球规格和场地大小来辅助教学。整个教学过程按照"十步教学步骤"进行，确保初学者能在短时间内高效地学习网球基本技术。在教学过程中，教师坚持以学生为主体的原则，采用启发式教学手段，按照学生的身心发展特点进行因材施教。教师循循善诱、逐步深入，使领悟能力稍差的学生也能获得显著的进步。此外，快易网球教学模式还具有灵活调整的优势，可以按照学生人数的多少来合理规划场地的大小，确保更多的学生可以同时参与网球技术学习。

2. 有利于提高学生的综合素质

（1）增强学生自信心

快易网球教学模式使每个学生都能在合作中打球。这种教学模式所产生的氛围能使学生全身心地沉浸在技术训练中，充分激发学生潜能的同时，还能增强学生自信心。自信心的建立往往源自于个人的实际进步，而在快易网球教学模式中，学生能够更迅速、更轻松地掌握网球技术，实现显著的进步，因此这种进步成为他们增强学好网球自信心的有力支撑。自信心的提升又进一步激发了学生对网球的兴趣与热情，使他们更加投入网球的学习与实践中。

（2）促进学生个性化发展

教育的真谛在于引导学生充分发掘并发挥自身潜能，进而提升其能力，实现更为卓越的发展。快易网球教学模式正是秉承这一理念，在坚持统一基本教学的同时，充分考虑学生的个体差异，特别是他们的身体素质等实际情况，实施个性化的教学策略。这种教学模式旨在确保每一位学生都能在网球技术上获得尽可能多的提升；同时，通过因材施教，帮助学生规避自身不足、发挥自身长处，从而实现各自的最佳发展。由此可见，快易网球教学模式不仅注重技术的传授，还致力于促进学生个性化发展，为他们打造一条通往成功的特色之路。

（3）增强学生自主学习能力

"兴趣是最好的老师"，这句话深刻揭示了兴趣对于学习的重要性。当学生自己对某个领域或技能产生兴趣时，他们会主动投入更多的时间和精力去深入学习，从而取得更好的学习效果，这种内在的驱动力能够增强学生自主学习能力。在快易网球教学模式中，鼓励和引导学生的兴趣是一个核心特点。通过激发学生的学习兴趣，快易网球教学模式成功地提高了学生学习的主动性，增强了他们的自主学习能力，使他们更加愿意参与到网球技术的学习中来。

（4）促进终身体育锻炼习惯的养成

快易网球作为一种富有活力和创新性的体育项目，不仅能够点燃学生对体育的热情，还能为校园文化注入新的活力，使学校的文化氛围更加浓厚。在这样的环境中，教师和学生都能够在愉悦的氛围中享受体育的乐趣，进一步提升学生参与体育运动的积极性。激发学生对体育学习的兴趣，能够让他们更加热爱体育运动，从而为他们养成终身体育锻炼的习惯打下坚实的基础，助力他们健康成长、全面发展。

（二）快易网球教学模式的实施策略

1.加大对快易网球的宣传力度

应从推广与宣传入手，深入普及快易网球的特点、球类选择、场地变化、益处以及未来的发展方向。通过广泛而深入的宣传，大众能够对快易网球有更为全面和深刻的认识，从而提高认可度和接受度。将快易网球的教学理念与方法手段引入网球课堂，有利于提升我国高校网球教学的质量与效益。采用科学、实效的宣传手段，让学生和广大群众能够亲身感受到快易网球带来的益处，进而提高其认知度，充分利用网球协会、高校网球队伍、各大网球俱乐部等资源，共同推进快易网球的发展。

2. 合理调整课程结构

在高校网球教学过程中，教师会严格遵循教学大纲的指导，但由于每个学生的个体差异，对不同学生制定的教学目标往往存在显著差异。为了达成教学目标并完成教学任务，教师有时会不自觉地加快教学速度。快易网球教学模式的出现则为教学课程结构的优化提供了有效手段，它借助多样化的教学器材和灵活多变的教学方法对课程结构进行了合理的调节。考虑到网球运动本身的技术要求和入门难度较高，对于网球课程的安排和教学方法的运用更需要讲求技巧性和科学性。在设计和实施网球课程时，必须遵循教学原则，同时充分考虑学生的身心发展特点。通过激发学生对网球运动的热情，不仅能够提高他们的学习兴趣和参与度，还能够为他们未来的全面发展奠定坚实的基础。教师在教学实践中，应灵活多变地运用各种教学方法和手段，针对课程内容和结构进行科学合理的调整。这一过程中，关键是要遵循学生的身心发展规律，紧密结合教学原则，从每个学生的独有特点出发，因材施教、精准施策；还应积极采纳新颖的教学理念，将创新型的教学方法创造性地引入高校网球课堂。这样不仅能够显著提升高校网球教学质量，还有助于激发更多网球初学者的学习兴趣和热情，使他们更加热爱网球运动。

3. 增加快易网球资料储备

为了将快易网球有效引入高校网球教学中，增加快易网球资料储备显得尤为重要。为此，高校应加大力度，定期采购或订阅网球领域的专业杂志、优质的硕博论文等文献资料，以为学生提供深入了解网球国际赛事、网球礼仪、网球运动发展趋势以及网球教学理念更新的宝贵机会。同时，这些书籍、文献也能帮助教师更新网球知识储备，进而将最新的网球知识传授给学生。此外，高校还应选购专门针对快易网球教学模式的教材、快易网球教学器材选用的书籍。这些书籍资料将有助于网球教师学习并掌握先进的快易网球教学模式，从国内外高水平教练员的实践中汲取经验，从而更有效地指导学生进行网球学习和训练。

第四节　高校网球教学的评价体系

一、高校网球教学评价体系的构建

（一）合理安排高校网球教学评价的内容与方法

教学评价实质上是对教学目标实现程度的价值判断，也是对教学活动所产生的效果的判断，因此评价内容应该依据教学目标制定，并且应该是教学过程中学习的内容。高校网球教学评价的内容是学生在网球课中学习的内容，是学生要求自己达到的标准，即学生在网球课中通过学习评价的内容，努力实现并超过评价要求的标准，把评价内容的标准作为学习的一个方向，因此高校网球教学评价的内容要紧密结合学习内容。

例如，在技能考核中要突出基本技术的考核，因为基本技术在网球教学内容中占有较大的比重，只是在不同的学期对技术的要求和考核难度在不断增加。网球课堂评价方法在采用技能考核、理论考核和平时成绩考核综合评定方式的情况下，要注重调整不同学年、不同部分所占的比例。随着网球技战术能力的掌握，学习的重点肯定是有所偏移。不同考核部分的比例固定不变势必导致评价内容和所学内容之间的偏差，降低高校网球教学评价的价值。

（二）进行高校网球教学总结性评价

总结性评价又称后置性评价，是为把握教学活动的最终结果而进行的评价。高校网球教学目前采用的评价方式主要为总结性评价，即以成绩的形式证明学生掌握网球技术和网球理论的情况。高校网球教学总结性评价具有其他评价形式不具有的作用，因此应进行总结性评价。

一方面,高校网球教学总结性评价是对学生一学期或一学年学习效果的总结，便于学生在接下来的学习中明确自己的努力方向，以建立自己的学习目标。另一方面，高校网球教学总结性评价是教师对一个学期或学年教学效果的总结，希望可以进一步改进以往教学中的不足，为今后教学能力的提高奠定实践基础。如果学生在一个学期或学年的学习过程中付出了巨大的努力并获得了进步，那么在高校网球教学总结性评价中就会取得较好的成绩和教师的肯定，提高以后学习的积极性；如果学生在学习过程中没有付出相应的努力，那么在高校网球教学总结性评价中成绩的不理想以及教师的否定会使学生产生一定的焦虑，从而激励学生开始努力学习。研究认为，当学生的紧张和焦虑处于中等水平时，有利于其学习的顺利开展。

（三）重视高校网球教学形成性评价

形成性评价是一种在教学过程中进行的评价，旨在引导教学进展并促进教学的完善。在网球专项训练课中，形成性评价显得尤为重要。教师可以通过对学生动作表现的评价，及时发现并纠正学生存在的错误动作，从而帮助学生更好地掌握网球技能。同时，教师对学生的进步给予及时的肯定不仅能够增强学生的学习动力，还能对表现突出或取得较大进步的学生产生积极的激励作用。

网球教师在进行形成性评价时，首先，可以在网球教学过程中进行一些即时性小测试，并把测试结果记录下来，纳入学期和学年总成绩评定中的平常成绩部分，成为学生平时成绩的一部分。其次，教师要重视学生学习过程中的进步程度和阶段性学习的成果，并及时予以肯定和鼓励，教师对学生的鼓励能够激发学生的学习动机。学习动机既是学习的原因又是学习的结果，学生在学习上取得阶段性的成功会激发和增强学生今后学习的动机。最后，在高校网球教学过程中可以把学生的相互评价作为教学活动的一部分。学习网球很多时候要求搭档之间进行对练、喂球等，因此相互评价便于实现学生之间的互相指导，纠正错误动作。然而，由于学生网球技术能力有限以及和同学之间存在主观交情等因素，评价可能缺少一定准确性，故学生之间的相互评价只是作为教学评价中的一个重要参考而不纳入学习成绩中。总体而言，网球教师应该重视形成性评价的作用，改变课堂评价中只用平时成绩体现形成性评价的现状。

二、高校网球教学评价体系的完善方法

（一）落实高校网球教学评价测评表制度

以高校网球教学的有效性为评价的核心点，构建以学生发展为中心的高校网球教学评价指标体系，编制"学生网球学习满意度调查量表"，从学生的网球知识掌握程度、网球实战技术水平、网球课堂情感体验三个维度客观、全面反映学生学习网球的水平和效果，并以学生掌握的网球理论知识和实战水平映射出教师教学效果。

（二）成立专门的高校网球教学评价部门

在学校设立一个兼具中介性质的高校网球教学评价部门。该部门的核心职责

在于全面推广先进的网球教学理念，组织并开展网球教学评定工作，确保评价结果的客观性和有效性。同时，该部门还将构建一套科学的学科教师教学评价指标体系，旨在通过评价结果激励教师不断优化教学方法、提升教学效果。此外，该部门还将建立网球教师教学评价的反馈、跟踪和改进机制，确保每位教师都能及时了解自己的教学表现，并根据反馈进行有针对性的改进。该部门还将提供专业的教学改革咨询服务，助力网球教师的专业化发展，帮助他们不断提升教学水平和专业素养。

（三）通过网球公共观摩课推广高校网球教学评价体系

评价小组通过网球公开观摩课，现场使用"学生网球学习满意度调查量表"，随堂进行教学有效性问卷测评，并对网球公开观摩课的教学效果进行评价，明确网球教师在教学中的优缺点，为网球教师本人改进教学指明方向、提出相应的意见和建议。

（四）高校网球教学评价主体的多元统一

高校网球教学评价包括他评和自评，他评又有学生评价、同行评价、专门机构评价等。由于评价视角不同，来自不同评价主体的课堂教学信息反馈存在差异。教师改进网球教学的目的是促进学生的身心发展，学生始终是教学效果最直接的体现者，因此，应该把学生评价放在高校网球教学评价的核心位置。

三、高校网球教学评价体系的完善措施

（一）高校应加速建立高校网球教学专业评价系统

高校各个学科都将面临教学评估，因此高校应成立专业的教学评价部门，不仅网球课需要专业的评估，而且各个学科都需要专业、健全的评价体系，以评价带动学科课程改革势在必行。

（二）重视教材普及，提升师生理论水平

网球教学多以技术教学为主，师生见面大多在室外场地，学生接触的专业网球理论知识不足。加大网球教材的普及程度有利于提升学生的理论水平，拓宽学生的知识面。

（三）提高教师团队科研能力

高校网球教师的自身水平是影响网球教学水平和教学成果的关键因素。只有

提高教师自身的科研水平和技术水平，才可以更好地为学生服务，也可以为网球专业教师的自我发展奠定基础。

（四）提升学生的主体地位

在高校网球教学过程中，如果学生主体地位不够明显，就会对高校网球教学评价体系的建立产生一定影响。因此，教师应在教学中提升学生的主体地位并调动其主动性。

第四章　高校网球技术教学与训练

随着网球运动的普及与发展，越来越多的学生对其产生了浓厚的兴趣，在当今高校体育教育中，网球技术教学与训练占据了重要的地位。因此，如何有效地进行网球技术的教学与训练，成为高校体育教育者亟待解决的问题。本章围绕高校网球技术教学以及高校网球技术训练两个部分进行阐述，旨在为提高网球教学质量、促进学生技能提升提供有益的参考。

第一节　高校网球技术教学

网球技术教学不仅是高校网球教学中的核心内容，还是其教学过程中的难点与关键所在。它对于引导学生科学参与网球运动、有效提升网球技能水平具有至关重要的指导作用和深远影响。

一、高校网球技术教学概述

（一）网球技术的基本原理

1. 网球的旋转要素与各要素的关系

（1）网球的旋转与速率的关系

每一颗击出的网球都独具特色，这种特色通过网球的旋转方式和飞行速度得以展现。击出球要具有特定的旋转与飞行速率，就必须以特定的挥拍方向与速率击打来球。挥拍方向与击出球旋转的关系如图4-1所示。

①挥拍方向决定了击出球的旋转。分析图4-1可以发现挥拍方向与球心位置的关系对网球的旋转有重要影响。当挥拍方向恰好通过球心的时候，击出球不会有旋转；而挥拍方向偏离球心时，则会赋予网球不同的旋转特性。具体来说，为了击出上旋球，需要将球拍向前上方挥动；击下旋球时，应向前下方挥拍；击侧旋球时，则需向侧前方挥拍。

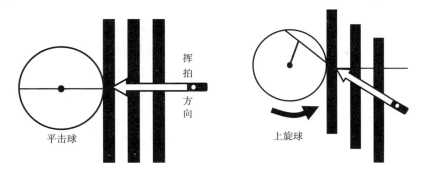

图 4-1　挥拍方向与击出球旋转的关系

②击出球的飞行速率由挥拍方向和挥拍速率共同决定。当挥拍方向通过球心时，球拍挥动所具有的能量在击球的瞬间并不产生分量，此时，挥拍速率是决定击出球飞行速率的唯一因素。如果挥拍的方向并未经过球心，那么挥拍所携带的力会分解为两个方向上的力：一是水平方向的力；二是垂直方向的力。水平方向的力决定击出球的飞行速率，垂直方向的力决定击出球的旋转。因此，当击无旋转球时，只需增加挥拍的速率即可提升球的速度；而在击旋转球时，要想提升球速，既可以尝试使挥拍的方向更偏向前方，也可以继续增加挥拍的速率。

需要注意的是，对球速的控制是以固定的握拍方式、击球步法以及网球触及球拍的位置为基础的。就是说如果握拍方式、击球步法以及网球触及球拍的位置不同，那么相同的挥拍速率和挥拍方向也会使击出球的速率不同。网球的旋转与速率的关系如图 4-2 所示。

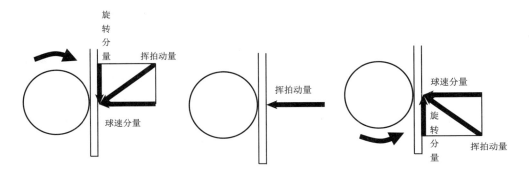

图 4-2　网球的旋转与速率的关系

（2）网球的旋转与飞行轨迹的关系

在网球运动中，网球在空中的飞行轨迹受到多种因素的影响，主要包括飞行方向、飞行速度、网球的旋转状态，以及无法人为控制的空气阻力和地心引力等。除了最后两个不可控因素，其余的都是网球运动员可以通过技巧来调整的。网球的旋转是决定击出球飞行距离的唯一因素。在网球以相同的角度和速率飞离球拍的情况下，上旋球在飞行时，球上方的气压要比下方大，再加上空气阻力的因素，上旋球的飞行距离要比理想的抛物线短，且飞向地面的角度要比理想的抛物线大；下旋球在空中飞行时，由于其下方的气压高于上方，这使得下旋球在空中的飞行距离相较于上旋球更远，同时它的入射角度也相对较小，但由于受空气阻力影响，其飞行距离也比理想的抛物线要短，并且入射角度较理想的抛物线大。当网球以无旋转的状态飞行时，网球仅仅受到与飞行方向相反的空气阻力的影响，因而它的飞行距离要比理想的抛物线和下旋球短。网球不同旋转方式的飞行轨迹如图4-3所示。

1—上旋球的飞行轨迹；2—无旋转球或侧旋球的飞行轨迹；
3—下旋球的飞行轨迹

图4-3　网球不同旋转方式的飞行轨迹

（3）网球的旋转与反弹的关系

在网球运动中，网球落地后的表现受到多种因素的影响。网球的旋转速度、移动速率以及反弹角度都会经历一系列变化。当网球触地滑行时，不同的场地材料会对网球产生不同的摩擦力和反弹力。简而言之，摩擦力和弹性较大的场地会使网球的旋转加剧，而摩擦力和弹力相对较小的场地则会使网球的旋转减弱。

在网球运动中，击出球以相同速率和落地角度接触场地表面并反弹后，不同旋转的球具有不同的特点。无旋转球及旋转不强的球，反弹后呈上旋状态，反弹角度主要受场地的摩擦力和软硬度的限制，反弹后的飞行速率比落地前略低。经过反弹，强烈上旋球的旋转效应会进一步增强，其反弹角度相较于落地时的角度会有所减小，同时反弹后的向前移动速度也会明显加快。下旋球反弹后呈上旋状态，反弹角度比落地角度大，反弹后的飞行速率比落地前低。网球的旋转与反弹的关系如图4-4所示。

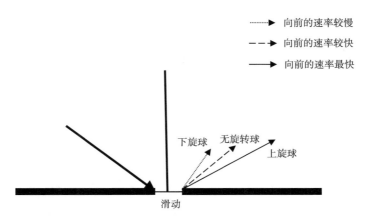

图 4-4 网球的旋转与反弹的关系

2. 击球要素与各要素的关系

（1）击球部位与拍面角度的关系

击球时，球拍与网球接触的具体位置称为击球部位，而拍面角度则是描述击球瞬间球拍拍面与地面之间所构成的夹角。拍面角度的变动会导致击球部位的变化，同样地，击球部位的不同也会使得击出球呈现出不同的飞行轨迹。如图 4-5 所示，拍面角度与击球部位的关系如下：拍面与地面的夹角小于 90 度时，击球部位为球的后中上部；拍面后仰时，即拍面与地面的夹角大于 90 度时，击球部位为球的后中下部；拍面竖直时，击球部位为球的后中部。

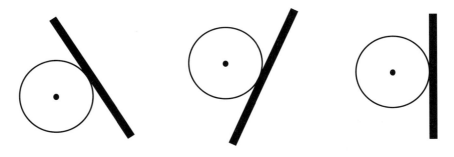

图 4-5 拍面角度与击球部位的关系

（2）击球点与网球性能的关系

在网球运动中，当击底线球时，理想的击球点高度应与膝关节相平。然而，对于反弹较高的上旋球，击球点可能会上升到肩膀以上的位置；相反，对于反弹较低的下旋球，击球点则往往位于膝关节附近。由于在这些击球点上击球肯定与理想的击球不同，所以会不可避免地带来一系列的问题，如当击球点过高时，某些握拍法的击球就显得较为困难，击强力上旋球较为困难，击球之前网球运动员必须降低重心，击上旋球时需要加大力量击球等；当击球点较低时，为了避免击球下网，拍面就不再需要保持与地面的垂直，而是需要适当地打开。

（3）击球点与挥拍方向的关系

击球点指的是网球被击中的那一刻，它与网球运动员身体之间的相对位置。在网球运动中，如果使用固定的挥拍轨迹击球，那么击球点的选择将直接决定击球时挥拍的方向。为了获得更长的挥拍距离和更准确的击球时机，多数网球运动员会采用一种策略，即将击球点设置在身体的侧面稍前方的位置，但这样一来，就难以击出直线球。一般可以通过以下方法使击直线球成为可能：调整挥拍的轨迹，向直线方向发力挥拍，从而使在身体侧前方挥拍方向仍为直线；通过改变手腕的屈伸程度来改变拍形，从而使拍面在身体侧前方指向直线。

在网球运动实践中，运动员可以通过几种技巧来精准控制网球的飞行方向。一是挥拍时如果更倾向于左侧，网球便会朝着左侧飞去。此外，击球的时间点越早，或者手腕的屈伸动作越明显，都会使网球的轨迹越偏向左侧。二是挥拍方向越向右、击球时机越晚或手腕屈伸程度越大，击出球的飞行方向就越偏右。三是挥拍方向越朝上或拍面仰角越大，击出球的飞行弧度就越高。四是挥拍方向越超前或拍面仰角越小，击出球的飞行弧度就越平。

（4）击出球起飞角度与挥拍速率和拍面角度的关系

①击出球起飞角度与挥拍速率的关系。如图4-6所示，不论挥拍方向如何变化，只要击球时拍面与地面大致垂直，那么挥拍的速率越快，击出球的起飞角度便会越趋近于挥拍的方向，而这一规律被表现出来的强弱与来球的快慢成反比。

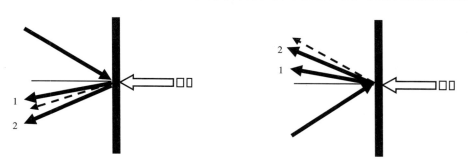

1—挥拍较快时的起飞方向；2—挥拍较慢时的起飞方向

图4-6 击出球起飞角度与挥拍速率的关系

②击出球起飞角度与拍面角度的关系。如图4-7所示，拍面角度在很大程度上决定了击出球的起飞角度。当球拍保持静止状态且忽略来球的旋转效应的时候，拍面越朝向天空，网球就会以更高的角度飞向空中；相反，如果拍面更贴近地面，网球则会以更低的角度飞行。

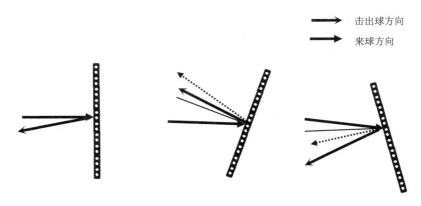

图 4-7　击出球起飞角度与拍面角度的关系

3. 主要技术与辅助技术的关系

网球技术有很多，但是从整体来说，主要分为主要技术与辅助技术。主要技术起主导作用，辅助技术则是对主要技术的有利补充，影响主要技术的执行。网球技术如图4-8所示。

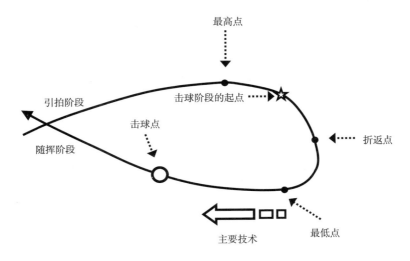

图 4-8　网球技术

（1）主要技术

在实施某项技术动作以实现特定战术意图时，掌握主要技术要领是不可或缺的一环。例如，在网球比赛中，若想要打出快速且力量十足的底线球，那么以下技术要点必须得到精准执行：击球点应精准控制在身体侧前方；球拍需准确击中球的后中部，并伴随向前上方的挥拍动作；同时，快速而有力地挥动拍头也是确保球速和力量的关键。

（2）辅助技术

辅助技术是指支持主要技术发挥作用的技术动作，是除主要技术外的所有技术。由于辅助技术主要起辅助作用，所以它并没有很严格的规范，只需把握以下基本原则。

①在击球过程中，应遵循从下至上、由内向外的发力顺序。

②引拍动作应呈现出流畅的弧形轨迹，随后自然地转入击球阶段。

③击球时，应沿着击球的方向跨出前脚。

④正手击球时，合理地转体发力有助于球拍快速挥动并控制击球的方向。

⑤保持击球点在身体的侧前方，并采用合理的、适当的握拍方式有助于球速的提高。

（二）网球技术教学的规律

1. 在学生心理与身体发展的基础上进行网球技术教学

学生是网球技术教学的主要对象，学生的动作技术水平和身心健康发展都会受教学效果的影响。教师在进行网球教学的过程中需要以学生的个人特质与情况为依据，同时参考他们的可教性与可塑性来采用合适的教学措施、教学方法与教学手段，因材施教。教师应当对学生的心理与身体素质进行有计划的提升，使他们获得更高的运动技术水平。

2. 应当按照运动技能习得的规律进行网球技术教学

学习任何运动技能，包括网球，都需按照一定的规律进行。这个过程通常包括泛化、分化、巩固、提高与技术定型几个阶段。虽然这些阶段的界限并不十分清晰，但在教学中要充分认识到这些阶段的存在，并据此合理安排教学任务。通过采用多样化的教学方法和教学手段，可以更有效地促进学生提高网球技术水平。

3. 网球技术教学要与学生的心理和生理活动发展规律相符合

在进行网球技术教学的过程中，学生需要反复进行练习与休息，而他们也会有明显的生理机能变化。例如，学生在进行网球运动时，开始会获得更高的生理机能，逐渐到达一定水准并维持一定时间，然后逐渐下降。优质的休息方式对于生理机能的迅速恢复起着至关重要的作用。同样地，学生在思维与情绪等心理活动上也会呈现出一种曲线性的变化。学生在正常练习时，有较高的学习情绪和敏捷的思维，如果训练的情况比较理想，就会有更高的学习情绪。因此，网球技术教学要与学生的心理和生理活动发展规律相符合。

（三）网球技术教学的顺序

1. 了解球性

如果想要成功地回击来球，首先需要做的就是对球的飞行轨迹进行预判，包括球的飞行方向、预计落点以及弹跳的高度。这对于网球初学者而言至关重要，因为这是他们无法绕过的学习阶段，只有掌握了这一技能，他们才能在网球学习的道路上更进一步。

2. 练习步法

在打网球的时候，如果步法不到位，身体和球离得太远，就会出现伸着胳膊接球的情况；如果身体和球离得比较近，就不能挥动拍子击球。因此，教师必须严格要求学生练习步法，只有这样，才能为以后比较稳定地击球建立比较扎实的基础。

3. 学习正手击球

在网球这项运动中，网球运动员的正手击球技术普遍比反手击球技术表现得更为出色。这是因为在正手击球时，网球运动员能够运用更大的力量，覆盖更广泛的球场区域，并且在控制球的准确度上也更胜一筹，从而更容易在比赛中得分。对于初学者而言，从正手击球练习入手往往更为合适，这样他们能够更快地看到进步，从而更有效地激发其学习的积极性。

4. 学习反手击球

学习完正手击球以后，就要学习反手击球了。反手击球可以直接获取得分，这是可以好好利用的。现代网球运动对发球的攻击性越来越重视。在一场比赛中，如果选手的发球不是很强劲的话，就很难赢得比赛的胜利。如果发球的一方能够通过发球直接得分，这样既可以使自己的发球局得以保证，还能打击对手，增强自信心。

二、高校网球技术教学指导

（一）正手击球技术教学指导

为了更好地理解和认识正手击球技术，这里对这项技术进行分解和分析。具体来说，正手击球技术是由准备姿势、后摆引拍、前挥击球、随挥动作四个部分构成的。

1. 准备姿势

在练习准备姿势时，网球运动员应站立于球网前，双脚自然分开，与肩同宽，膝盖微微弯曲，身体微微前倾，保持平衡，将重心置于前脚掌；右手紧握球拍，左手轻托拍颈，双肘保持微屈状态，球拍舒适地置于身前，拍面垂直，拍头指向对手；双眼紧盯对方来球，全神贯注，做好击球准备。

2. 后摆引拍

当判断需用正拍回击来球时，网球运动员应迅速调整脚步，抬起左脚跟并向右前方迈出一步，同时右脚向右转动90度，使其与底线平行。在转动脚步的同时，网球运动员应转肩转髋，带动右手向后方摆动进行引拍，此过程为关闭式步法，适合初学者使用；若采用开放式步法，则无需左脚上步，而应保持双脚平站，但需加大向右转体的幅度。引拍时，肘部应保持弯曲并自然下垂，拍头低于膝盖，左手向前伸出以维持身体平衡。在引拍过程中，身体重心逐渐移至右脚，左肩转向右侧网柱方向；同时，保持手腕固定，挥拍转动约180度，使拍头指向后挡网。

3. 前挥击球

在由后摆引拍转为向前挥拍的过程中，网球运动员需牢固握住球拍，手腕应保持后伸且固定。此时，用力蹬脚以产生力量，同时转动身体并挥动球拍。正拍的击球点应位于身体右侧前方，高度不超过腰部。在击球瞬间，挥拍速度达到峰值，确保网球准确地击中拍面中心。挥拍击球时，拍头应从下往上挥动，使球稍带上旋。

4. 随挥动作

网球触拍后，应尽可能延长拍面与球网平行的时间，以确保击球的稳定性和控制性。挥拍时，网球运动员需沿着球的飞行方向往前送，使重心前移至左脚，同时身体自然转向球网方向。挥拍动作最终在左肩上方完成，拍头指向高处，超过头部。随挥动作要比后摆动作大而充分，以保证击球的稳定性。随挥动作结束的时候，应立即恢复准备姿势，准备下一次击球。

（二）反手击球技术教学指导

反手击球技术同样是由准备姿势、后摆引拍、前挥击球、随挥动作四个部分构成的。[①]

1. 准备姿势

网球运动员站立于球网前，双脚自然分开，与肩同宽，膝盖微微弯曲，腰部稍向前倾。非握拍手轻轻托住球拍的颈部，使拍头与下巴保持水平；双肘弯曲，球拍舒适地伸展在前方，身体微向前倾，重心稳固地落在双脚之上。一旦判断对方来球将飞向自己的反拍侧，原本轻托拍颈的左手需迅速协助右手转换至反拍握法。无论先前是采用东方式正拍握法还是西方式正拍握法，击球时都应适时调整为对应的反拍握法，否则反拍击球效果将大打折扣。双手握拍的网球运动员大多也需要变化握法。

2. 后摆引拍

为了准备反拍击球，网球运动员应向左肩方向转动髋部，从而带动右手向左后方自然摆动。在这一过程中，网球运动员的左脚需向左转动 90 度，使其与底线平行；同时，右脚应迅速向左前方迈出一步，使身体重心更加稳定。此时，网球运动员的左肩应正对球网，右手手腕保持绷紧状态，并向后伸展；双肩需夹紧；右手拇指应靠近左腿的上部，后摆时肘关节自然弯曲、下垂，重心移向后脚。反拍后摆动作应比正拍后摆动作更早地完成。当网球运动员使用单手反拍时，左手可轻托拍颈，并伴随着向左转的协调动作；若是双手反拍挥臂，则需要幅度更大的转体动作，即右肩转向左侧的网柱。

3. 前挥击球

当从后摆转为向前挥拍时，网球运动员务必紧握球拍确保其稳定性，手腕则保持不动；右脚应与网球场地网成 45 度角站立；双肩、躯干和臀部需协调转动。反拍击球时，最佳击球点应位于身体左侧前方，同时确保球拍与右脚在同一直线上，形成稳定的击球姿势。击球瞬间的挥拍速度达到顶峰，应确保对准来球并击中球心。此时，肘部应完全伸直，球拍应与手部保持水平，双眼需紧盯球路；身体重心顺势从后脚移向前脚。反拍上旋球的击球动作其拍头轨迹是自上而下的。

---

① 陈晓盼. 体育院校网球专业学生双手反拍击球技术运动学特征研究［D］. 广州：广州体育学院，2018.

4.随挥动作

在网球被击出后，尽量保持拍面与网球网平行的时间更长。挥拍时，需沿球的飞行轨迹向前推送，球拍随球向前移动的距离应控制在 60 厘米以内。随着球拍的挥动，网球运动员的身体重心前移，最终落在右脚上，同时身体也随之转动，朝向球网。挥拍动作最终在右肩上方结束，此时拍头朝上。完善的随挥动作对控制网球的落点及方向至关重要。此外，随挥动作应比后摆动作更为舒展和充分，以确保击球动作的完整性和稳定性。随挥动作完成后，身体再次转向球网，并迅速恢复到原始的准备姿势，为下一次击球做好准备。

（三）发球技术教学指导

网球运动的发球技术主要由握拍、准备姿势、抛球、后摆拉拍、挥拍击球、随挥动作几个部分构成。

1.握拍

网球运动员握拍时可采用大陆式或东方式反拍握拍法，初学者也可以先从东方正手握拍或半反手握拍开始。

2.准备姿势

以右手持拍为例，在左区发球时，网球运动员应确保左肩正对左侧的网柱，保持侧身站立的姿势；两脚之间的距离应大致与肩同宽，左脚的方向指向右网柱，而右脚则与底线大致平行。此时，网球运动员身体的重心应主要落在左脚上，同时身体保持自然的前倾状态。左手持球时，网球运动员的拇指、食指和中指应轻轻夹住球，无名指和小指则自然弯曲于球的后方；右手应紧握球拍，拍头需明确指向前方。在右区发球时，左脚与底线平行，右脚指向右网柱。

3.抛球

持球手需慢慢伸直肘部，让手臂自然下垂至大腿旁侧。接着，从腿部侧边开始，用力将球自下而上地抛起。在整个抛球过程中，需保持手臂完全伸展，掌心朝上，并尽量避免勾指、甩手腕等不必要的手部细微动作。此外，应尽量减少球在空中的旋转。球脱手的最佳点在头的高度，脱手过早容易造成球在空中旋转和位置过于靠前，脱手过晚则会令球的位置过于靠后。脱手时手指展开，将球送至空中。

4.后摆拉拍

后摆拉拍动作与抛球是同步开始的。当持球手在左脚前上举时，球拍向下向后做弧形摆动，举至背后，肘关节抬起，同屈膝屈体协调一致，形成"一张拉满的弓"，为有力地挥拍击球做好充分的准备。

5. 挥拍击球

当球从最高点开始下落时，网球运动员应在之前屈膝、弓背的基础上，从踝部开始自下而上地依次蹬直腿部。随着腿部的反弹，背部也随之展开，并向出球方向流畅地转体。在蹬腿与转体的协同动作中，右肘关节需继续抬起，拍头自然下垂，而左臂则逐渐下落。最后，以肘关节为轴心，带动手掌和拍头迅速摆向击球点。

6. 随挥动作

完成击球动作后，网球运动员的身体应自然地向场内倾斜，同时完成向前上方连贯且完整的随挥动作。球拍顺势挥至身体的左侧，与此同时，重心稳定地前移，并向前迈一小步，以确保身体在场内保持平衡。

（四）接发球技术教学指导

网球的接发球技术主要是由握拍、准备姿势、击球、随挥动作几个部分构成的。

1. 握拍

在握拍时，应保持适度的松弛，无论是引拍还是前挥动作，都需维持这种轻松的状态。然而，当球拍与网球接触的瞬间，务必迅速而有力地握紧球拍，特别是拇指、食指和无名指需用足够的力度来稳定球拍。同时，手腕应保持稳固，以确保拍面的稳定性。面对对手强力的来球，即使无法用力量进行反击，也可以通过牢固的拍面阻挡球路，或是调整拍面的角度精确控制回击的方向。

2. 准备姿势

网球运动员在站立时，双脚自然分开，膝盖微微弯曲，上半身略向前方倾斜；双臂弯曲，双手紧握球拍，置于腹部前方。球拍头部应朝上翘起，拍面与地面保持垂直或稍微打开一些角度。同时，确保球拍上缘与眼睛的高度保持一致。身体的重心集中在双脚的前脚掌部位，同时保持轻微且连续的跳动或身体微动，使自己处于待发的机动状态，随时可以向任何方向起动。

3. 击球

击球动作需根据对方发球的快慢而定，介于底线正、反手击球动作之间。一般要求在对方发出的网球飞越过网时，后摆动作应结束，并准备向前跨步挥拍击球。为了在身前击球，可加快并减少球拍的后引，握紧球拍，手腕固定，眼不离球。只要身体重心偏前，缩短球拍后引的时间便不会影响击球。发球差的运动员可用自己习惯的正、反手击球技术来接对方的发球；而发球好、速度快的运动员可用网前截击球技术来接对方的发球，这样回击的球更有杀伤力。

4. 随挥动作

网球运动员应尽量延长球拍接触网球的时间，球拍应先跟着网球出去，然后做充分的随挥动作。一般情况下，后摆动作小，随挥动作也小；后摆动作大，随挥动作也大。随挥动作一结束，网球运动员就要快速移动到自己场地中央，准备迎击下一次来球。

（五）高压球技术教学指导

网球的高压球技术主要是由握拍、准备姿势、后摆球拍、挥拍击球、随挥动作几个部分构成的。

1. 握拍

高压球的动作在很大程度上与发球时的姿势相仿，同样地，握拍的方式也与发球时保持一致。大多数情况下，选手会选择大陆式握拍法或者东方式反手握拍法来进行高压球。

2. 准备姿势

高压球技术的准备姿势基本同前所述。在高压球技术的准备姿势中，网球运动员需要做好打截击球的准备，同时也要为快速后退打对方挑来的高球做好布局。一旦对方挑高球，网球运动员应侧身转体并用短促的垫步、侧滑步或交叉步快速后退，眼睛应始终注视来球。

3. 后摆球拍

随着脚步开始调整，网球运动员的身体位置也相应发生变动，此时需灵活转体、侧身，并以最迅速敏捷的动作抬起右手，肘部抬起约与肩同高，拍头向上。

4. 挥拍击球

网球运动员在准确判断击球点并移动到合适位置后，应双脚站稳，随后蹬地并转体，同时收紧腹部（反弹背弓），紧接着手臂展开，挥拍击打球的后上方。整个发力过程与发球时的感觉颇为相似，但击球点的选择却有所不同。在保证球能够顺利过网的前提下，击球点越靠前，发力就越顺畅，控制球出手的角度也更为精准，这样的击球方式更具杀伤力。这与发球时力求达到最高点再击球的策略明显不同。

拍头到达击球点时身体应已完全面向对方（已完成转体），收腹（反弹背弓）的强劲势头也爆发于此点。手臂挥拍动作与发球一样有个"搔背"再迎击来球的过程，手腕以鞭打动作击球。不要硬压大臂以期"高压"来球，而是要将小臂和拍头"甩"出去，获得"鞭打"的效果。当距球网较远、击球点偏后时，还需要做手腕的"旋内"动作。

5. 随挥动作

网球运动员在击球过后应顺势将球拍收于持拍手异侧的腿侧。如果击球点很靠后或很偏，不适合正常发力，那么随挥动作有可能被强行地扣腕或旋腕动作代替。这时，不必勉强做常规的收拍动作，以免受伤。

（六）放短球技术教学指导

放短球的准备姿势及引拍动作同正、反手击球动作基本一致，这样对方就会误认为网球运动员在准备打深球而留在后面，击球前一定要"伪装"好，不要过早地暴露击球的意图。

网球运动员在击球时应侧身对网，眼睛要盯住球，拍面稍开放，轻轻削击球的下部，尽量使球拍接触网球的时间长一些，拍头沿着前下方移动，形成下旋球，这样网球落地后跳得低。击球后，一定要朝着球出去的方向做随挥动作。结束时，应面对球网，迅速跑到有利位置上准备下一次击球。

（七）反弹球技术教学指导

网球运动中的反弹球技术是由准备动作、后摆引拍、击球、随挥动作几个部分构成的。

1. 准备动作

打反弹球一般都比较突然，准备时间很短，因此动作应该迅速简练。一旦决定打反弹球，就应立即侧身对着来球，准备动作要比正常的落地球打法动作更快完成。

2. 后摆引拍

当判断来球需要打反弹球时，网球运动员应迅速下蹲，降低重心。打正手反弹球时，向右转体同时左脚向前跨步，膝关节弯曲；打反手反弹球时动作相同，但方向相反。网球运动员应左手指向来球，身体前倾并保持平衡。后摆引拍动作需视来球的速度及准备时间快慢而定，一般转体时已完成了后摆引拍动作。

3. 击球

在处理中场和近网的反弹球时，推荐使用交叉跨步的步法，即正手击球时左脚在前，反手击球时右脚在前。这种步法有助于网球运动员在侧身对网时保持身体平衡，并在下蹲时确保身体重心稳定下降。击球时，网球运动员的双眼应紧盯来球，并紧握球拍，同时尽量保持球拍与地面平行，拍头与手腕高度一致。这些细节对于提升反弹球的质量至关重要。

为了保证身体重心的平稳下降，网球运动员的后腿小腿应与地面接近平行，拍面略开，随身体重心的前移，拍子由下向上挥动击球，使球略带上旋。拍面角度与来球的速度、旋转、离网的距离等因素有关，基本上垂直于地面或稍向前倾（来球速度快，则前倾角度大）。击球点在前脚的侧前方。

4. 随挥动作

中场反弹球的随挥动作较小，而底线深区反弹球的随挥动作与正、反手击球动作相似（还与还击深度有关，回击越深，随挥动作越大，反之则越小）。要确保击球质量上乘，必须充分前送力量。在挥拍的同时，身体重心应自然地向前移动，从深蹲交叉步的低位站起，以便迅速调整并准备下一次击球。反弹球的随挥动作应柔和流畅，既不像底线正、反手击球时那般舒展有力，也不像截击球时那样简短有力。

第二节　高校网球技术训练

一、高校网球技术训练方法

高校网球技术训练方法是指根据完成教学任务的需要，通过身体和思维活动对动作进行反复训练的方法。它包括重复训练法、变换训练法、综合训练法、比赛训练法等。[①]

（一）重复训练法

重复训练法即根据具体的训练目标，在保持一定条件恒定不变的前提下，多次重复进行某项练习的方法。这些恒定的条件通常包括固定的动作结构、明确的运动负荷数据，以及特定的场地和器材要求等。例如，在进行反手击球练习时，高校教师可通过多球训练使学生在多球训练中逐步掌握反手击球的动作结构，以达到熟练掌握技术动作的目的。

重复训练法的显著特点在于其练习条件的稳定性和练习的重复性，同时对于练习间歇的时间并未设置严格的限制。这一特性使得它成为观察学生技术动作的理想方式，有助于学生在不断的实践中改进和提升技术动作，深化对动作要领的

---

① 黄超群. 普通高校体育教学方法的改革与创新［J］. 体育科技文献通报，2009，17（5）：57-59.

掌握，并有效锻炼身体、增强体能，并在这一过程中培养坚定的意志品质。在高校网球教学中使用重复训练法时，应使训练的条件固定，同时需要学生坚持完成训练任务，这样才能体现出重复训练法的作用。例如，使用网球练习器可使学生在反复练习中初步掌握正手或反手击球的基本动作要领，使学生在时间有限的课堂上能够较快地掌握基本技术动作要领。

重复训练法又具体包括以下三种训练方法。

1. 单一重复训练

单一重复训练是一种特殊的训练方法，它要求学生每次完成一个动作后就立即进行休息，再接着进行下一次的练习。这种方法每次练习的数量相对较少，且持续时间相对短暂，因此它更有利于教师细致地观察学生的动作执行情况，并帮助学生提高注意力集中程度；另外，也能节省学生体力，保持学生精力旺盛。这种方法一般在学生学习新动作的阶段使用效果较好。在学习动作初期，学生可在较短的距离、较慢的速度、较低的要求的情况下进行单一重复训练。

2. 连续重复训练

连续重复训练是一种训练方法，它要求学生针对某一动作进行两次或更多次的连续重复训练，随后再进行休息，之后再次进行连续重复训练。在高校网球教学中，这种方法常被应用于步法移动训练等环节。这种练习方法的显著优势在于其能够使学生保持较长时间的训练，从而有效提高训练密度和运动负荷。例如，当学生初步掌握正手击球的基本动作之后，教师就应要求学生多进行对墙击打练习，为了提高训练的强度和难度，可以在墙上画上点或线，来表示学生应该击打到的目标。通常情况下，连续重复训练比单一重复训练的训练密度稍高一些。然而，在面对强度较大的训练时，为了保证学生的体能和避免过度疲劳，应适当降低训练密度。

在休息时间相对长的条件下，可以逐次或阶段性地增加连续重复训练的次数或持续时间；在连续重复训练的次数或持续时间不变的情况下，可以减少休息时间；必要时，既可增加连续重复训练的次数或持续时间，也可适当地减少休息时间。无论如何安排训练的次数和休息时间，都要根据学生的具体情况，合理安排运动强度和运动量。

3. 间歇重复训练

间歇重复训练是一种在训练过程中设定固定的间歇期，并在间歇之后重复进行相同练习的方式。以提高学生的专项素质为例，教师可以设计一组练习，要求学生以 85% 的强度完成击球动作后，立即上网跑动，并且在每完成一组练习后，学生将有 30 秒的时间进行休息。间歇重复训练的最大优点在于以间歇的形式控制学生的运动强度和运动量。它对提高学生的心脏功能起着较好的作用，也对学生的速度、耐力等身体素质的发展有着显著的促进作用，还能有效提升他们身体的负荷承受能力；同时，这种训练方法还有助于培养学生的意志品质，使他们在面对挑战和困难时更加坚韧不拔，也有利于在适当控制间歇时间的情况下，提高其掌握和运用动作技术的适应能力。在高校网球教学中，进行间歇重复训练的关键是要学生在兴趣中去学，否则就会失去网球运动在学生眼中的魅力，使他们产生想练却怕练的情绪。

（二）变换训练法

变换训练法是一种灵活多变的训练方式，它根据学习任务的不同需求，在多种变换的条件下进行实践。这些变换的条件包括动作的形式及其组合结构、运动负荷的具体数据、训练环境、场地条件以及使用的器材等。变换训练法又可具体分为以下两种训练方法。

1. 连续变换训练

连续变换训练是在练习条件不断变化的过程中进行训练的方法。在高校网球教学中，教师应充分利用这种方法对学生进行针对性训练。例如，教师可用口令让学生在快慢交替中练习平行步、前后步、交叉步等。步法在高校网球教学和训练中是不可忽视的一项重要内容。

2. 间歇变换训练

间歇变换训练是一种独特的训练方法，它要求在固定的间歇期之后，改变运动负荷的具体数据或是动作的形式及其组合结构，再进行下一轮的练习。相关实验已经证实，间歇后运动负荷数据的改变主要体现在以下两个方面。

①间歇后再进行练习的运动负荷都是增加的。在高校网球技术训练中，利用这种方法主要是进行身体素质练习。例如，利用基本步法进行助跑后的弹跳以发展学生的爆发力等，当适当休息后可要求学生在原来的基础上提高跑速，以优化训练的效果。

②在间歇之后，运动负荷呈现出显著的变化，时而沉重、时而轻松。同样地，训练中的负荷量也时常增减，这就导致训练量和强度的曲线呈现出一种不规律的特点。

（三）综合训练法

综合训练法是指根据训练任务的需求综合运用某些训练法的一类训练方法。

综合训练法没有固定的练习形式，它最大的特点就是常常在连续的或变换的条件下进行。这样的做法不仅有助于学生深入掌握动作技术，还能有效促进学生综合运用技战术能力的提高。同时，综合训练法对于提升身体素质、提高技术水平以及培养学生的意志品质等都起到了积极的作用。

在高校网球技术训练中，教师应充分利用好综合训练法，并且应在训练的手段、训练的运动负荷和强度、练习的间歇及训练程序的安排等方面符合完成教学与训练的需要，符合学生的运动负荷能力。例如，在组合训练学生的过程中，可以首先安排学生以平行步进行15米的跑动练习，随后转换为交叉步再跑15米；紧接着，进行一次高压球的击打练习，以强化他们的技术运用；然后，再进行一次徒手的上网练习，以模拟实战中的移动和反应；最后，进行网前截击球的徒手练习。

（四）比赛训练法

比赛训练法是指在比赛条件下组织学生进行训练的方法。在教学比赛课中，教师可组织一部分学生进行比赛，另一部分学生做裁判，然后进行交换。这样的训练方法不仅有助于学生在技术和战术上取得进步，还能让他们对网球规则有一个全面而深入的了解。比赛训练中竞争的成分较大，因此对学生的体力、智力、生理、心理、技术、战术，以及战略、战术的运用等方面的要求较高。这就要求教师在采用比赛训练法时，应根据学生的具体情况合理安排运动负荷和运动强度，以保证整堂课任务的顺利完成。

二、高校网球技术训练指导

（一）正、反手击球训练

1. 熟悉球性训练

（1）不持拍训练

不持拍训练可通过以下形式进行：用球筐或纸箱作为目标，直接将球投入其中，并逐渐拉长距离；面对墙抛球，球撞墙落地后先用双手接住，熟练后再用单手接住或撞墙后不等球落地直接在空中分别用双手、单手接住；将球向上抛，在原地转圈后接住落地反弹跳起的球或下落中的空中球；把球抛向身后，随后迅速转身抓住落地后反弹或跳起的球以及空中球；用左右手分别对地面进行连续拍打球的动作练习；两手各持一球，左手将球抛向右侧，右手同时将球抛向左侧，并在空中用异侧手准确接住球；两手再次各持一球，同时抛起，待球落地后，用同侧手同时接住两个球；熟练后，同时抛起同时在空中接住球；将球抛起，分别在落地前和落地后用单手抓住、双手抓住；两人面对面抛球，分别接住落地跳起的球或空中球，并逐渐拉长距离；在球弹到自己腰部的高度后，用双手或单手接住，以适应球的弹跳性及掌握身体的移动方向，培养对球的空间位置感。

（2）持拍训练

持拍训练可通过以下形式进行：使用球拍进行向上颠球练习，交替进行正手颠球和反手颠球；左右手各持一把球拍，分别进行颠球练习；用正拍和反拍各颠一次球，连续进行；练习向下拍球，开始时每拍一下稍作停顿，逐渐过渡到连续向下拍球，直至熟练掌握；在熟练的基础上，可以尝试移动拍球、转圈拍球、蹲下拍球等更多样化的练习方式；将球拍竖起，用拍框颠球和拍球，注意眼睛要紧盯住球；用球拍接高空落下的球，将球颠高两米，接住下落的球，高度可逐渐增加，要求接住、接稳；对墙练习，面对墙 1 ～ 2 米，颠球五次，等球落地后将球轻打向墙，反弹落地后接起，再颠球五次，然后不间断地重复以上动作练习；用球拍拾起滚动的球（可采用两人一组练习的方式）；用球拍与脚配合，拾起地上的球；用球拍拍起滚动的球或原地的球。

（3）两人持拍训练

两人持拍训练可通过以下形式进行：两人共享一把球拍，先由其中一人连续颠球三次，紧接着将球拍传递给伙伴，在球尚未触及地面之前，伙伴再连续颠球三次；两人分别使用两个球，各自颠球三次，然后将球投向对方，待球落地弹起后，再次颠球三次，并再次投球给对方；其中一人先将球稳稳地停在球拍上，然后轻轻地传给同伴，等球落地弹起后，同伴接住并颠球一次，接着也迅速将球停在球拍上，两人反复练习直至动作熟练；两人相距 2 米，其中一人颠球五次后，将球轻轻击向中间，另一人在球落地弹起后接住，并再次颠球五次，如此反复练习。

2. 击球训练

①学生可在原位面对挡网自主抛球，反复练习正手击打那些落地反弹后降至腰部位置的球；同时也不忘训练反手击球，针对那些反弹后下降至肩部或胸部高度的球进行精确打击。

如图 4-9 所示，学生可站在距离墙壁适当的位置，使用正手将球击向墙面，待球反弹落地两次之后，再次用正手连续击打，进行反复练习。随后，转为反手击球练习，以提升反手击球的熟练度和准确性。

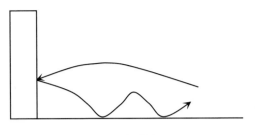

图 4-9 击球练习 1

②如图 4-10 所示，学生站在底线中央位置，同伴则守候在网前负责用球拍精准地喂送球，进行连续的、多回合的正手击球练习。完成正手练习以后，再进行反手击球练习。

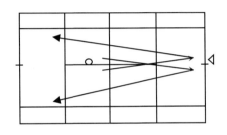

图 4-10 击球练习 2

③学生站在底线后，用多个球分别练习正手击打落地弹起的球过网，然后击打不落地的球过网。

④一人在底线正中央稳稳站立，另一人则在前方距其约五步远的地方向他投掷球，供他进行多次的反手击球练习。

⑤如图 4-11 所示，同伴在网前中线处喂送多个球，要求依次打反手直线球和反手斜线球；然后再到网前左侧喂球，同样打反手直线球和反手斜线球。

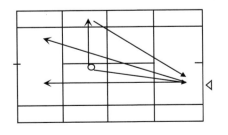

图 4-11 击球练习 3

（二）发球训练

学生初学发球，应遵循由浅入深、逐步推进的原则，从站位、握拍、准备姿势等基础要素开始，逐一进行模仿和分解动作的专项训练；逐步过渡到抛球和后摆、击球动作以及随挥动作的整合训练，期间需要不断调整和修正不合理的动作，直至熟练掌握抛球与击球的组合技巧。[①]

①发球技术动作分解训练。从基本站位的准备姿势到随挥动作各阶段都进行分解练习。在抛球的合适高度设置一个目标，学生对准目标抛球，要求高度适中，不会过高也不会过低。

②挥拍训练。学生在进行完整的无球挥拍动作练习时，需确保每一个步骤都准确无误且连贯流畅。为了提高练习效果，建议学生对着镜子进行练习，这样可以让他们更直观地观察到自己的动作是否规范，并及时进行纠正。

③抛球和拉拍训练。学生在抛球的同时做拉拍和挠背动作，不击球，体会抛球和拉拍动作结合的感觉。

④击中固定目标训练。在学生能够触及的最高点（即拍心位置）处设置一个明显的目标，随后学生需要按照规范的技术动作进行操作，并用球拍精准地击中目标。在整个过程中，学生需确保动作流畅、自然，并能够连贯地完成多次击打。

⑤发球线路和落点控制训练。在发球达到一定的成功率后，在发球区放三个标志物，分别代表内角、外角和中路。学生在底线后发球，争取击中标志物。

⑥通过比赛训练。安排一些小型比赛，在一定时间内或发一定数量的球看谁的命中率高，从而积极有效地提高学生发球的成功率和准确性。

（三）接发球训练

①提高接发球准确性的训练。多人进行轮换接发球练习，每位接发球者需确保将球精准地回击到指定的目标区域内，以此提高其控球能力和接发球准确度。

②提高接发球实战能力的训练。有目的地安排单打或双打练习，让学生互相对抗，以提高学生在实战中接发球时的心理素质。

③多球式的接发球训练。为了迅速提升学生接发球技术的熟练度，教师采用多球接发球的方式，专门安排给学生进行接发球练习。为了确保送球的精准度和力度，教师可以站在发球区附近的位置进行发球，并且在发球过程中要特别留意

---

① 徐振会. 简论网球双手握拍反手击球技术的教学和常见错误纠正 [J]. 运动, 2014（17）: 107-108.

球的落点、速度和旋转等要素。随着学生接发球技能水平的提高，教师可以逐渐增加发球的难度和变化，以适应其不断提升的水平。

④与发球员配合的接发球训练。由1～2名学生发球，结合实战练习接发球：接发球破网，即接发球时直接突破对手的网前拦截；接发球抢攻，即接发球时迅速、有力地回球攻击对方；接发球随球上网，即接发球后快速跟进到网前准备网前进攻。

⑤接发球挑高球和接发球放短球训练。在学生熟练掌握了接发球回击直线球和斜线球的技术后，可以有针对性地进行接发球挑高球和接发球放短球的专项练习。

（四）高压球技术训练

①持拍模仿训练。持拍侧对出球方向，做挥拍击球动作练习。

②对墙高压球训练。离墙10米左右站立，将球高压至离墙大约1米处，使球落地再从墙上弹回到一定高度，以便熟练后可以连续击球。

③网前高压球训练。在靠近球网的位置，学生应侧身站立，准备接教师用手抛出的球进行练习。学生需要保持动作的连贯性，并控制力度适中，避免球出界或落地。随着技术的逐渐提升，学生可以逐渐远离球网，以准备姿势站立，然后击打由教师用球拍送过来的球。

④高压和截击组合训练。如图4-12所示，学生先打较容易的高压球，然后发力扣球，挑过来的高压球越来越深。然后改变练习方法，教师抽一个球过来练习截击，接着挑一个高球过来练习高压球。这一训练过程始终需要教师在旁辅助。

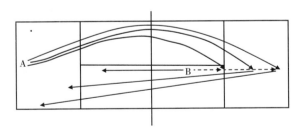

A—教师所在位置；B—学生所在位置

图4-12　高压和截击组合训练

⑤移动中的高压球训练。如图4-13所示，教师在球场一侧挑起高球，学生需交替进行直线和斜线高压球的练习。学生在击球过程中，不仅要保持双脚的灵

活移动，还要确保身体的平衡稳定。

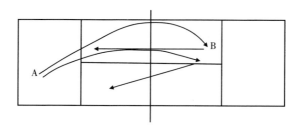

A—教师所在位置；B—学生所在位置

图 4-13　移动中的高压球训练

（五）放短球技术训练

①对墙放短球训练。学生距墙 5～6 米，用球拍送球上墙后，等球落地 1 次或 2 次后再轻削送球上墙。练习时用切削推送并减速的方法完成放短球动作，保持动作连续进行。

②正反拍切球训练。学生原地站立，将球抛向空中，随后采用正拍和反拍交替的切球方式，使拍面沿着半圆形的轨迹在空中切击球体，在此过程中，务必确保球不触及地面。如果一开始不好控制球的话，也可以先让球落地，反弹后再切球，待有一定感觉以后再尝试凌空切球。

③下旋切球训练。学生自己抛球，待落地反弹后，用下旋方式将球切过网。一开始可以不强调落点，但是球落地后要能产生向后反弹的效果。有一定感觉后再注意对落点的控制，尽量让球落在距离球网 2～3 米处。

④反弹放短球训练。学生站在底线处自我抛球，待球落地反弹后，用正手或反手下旋方式切球，送至对方网前。在练习过程中，学生应时刻保持目光紧随球动；击球时手腕需从紧握状态逐渐过渡到适度松弛的状态，以轻柔的触球方式赋予球明显的下旋特性，确保球能够顺利越过网面，并在落地时产生低反弹的效果。

（六）反弹球技术训练

①自抛自打练习。学生站在距挡网 3～5 米处向上抛球，然后降低身体重心，在球刚弹起时，做反弹球练习。练习时眼睛要盯住球，手腕要放松。

②对墙反弹球练习。如图 4-14 所示，学生站在距墙 8 米的地方，对墙打出一次稍高的球。待球从墙面弹回后，学生需迅速反应，进行反弹球练习。随后，再次将球挑向高处，等待球第二次落地后，继续进行反弹球练习。

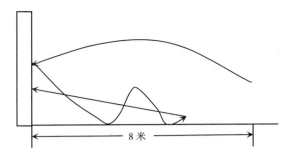

图 4-14　对墙反弹球练习

③场地反弹球练习。送球者站在场地中间向对面中场的练习者脚下送球,练习者进行反弹球练习,送球者可向练习者正、反手进行送多球练习。在进行反弹球练习时应注意降低重心,拍面对着击球方向,向前上方送出。

第五章　高校网球战术教学与训练

在高校网球教学与训练中，教师除了要教授一系列的技术知识与操作外，还要教授一些战术，旨在培养学生综合运用各项技术、灵活应对比赛的能力。在网球运动中，战术的运用往往能决定比赛的胜负，因此，对于高校学生而言，掌握扎实的网球战术知识显得尤为重要。本章主要围绕高校网球单打战术教学与训练、高校网球双打战术教学与训练以及高校网球心理战术教学与训练等内容展开研究。

第一节　高校网球单打战术教学与训练

一、单打战术分类

（一）上网型打法

上网型打法主要指的是通过网前进攻来获取得分的一种战术打法，主要有两种类型，一种是发球上网，另一种是随球上网。发球上网是一种先发制人的打法。发球员通常会进行力量十足的平击发球或弹跳力强的上旋发球，偶尔也会改变发球的落点位置，让对手难以预测并回击；紧接着，迅速移动到离球网较近的位置，利用截击或高压球技术，有效地掌握比赛的主动权，进而取得胜利。随球上网的打法主要是指赛场上出现双方一直僵持在底线对攻的情况中，在面对质量不好的中场球时马上抢点抽击随后上网。上网型打法要求网球运动员具有良好的发球技术，能够把握随球上网的时机，并且网前判断能力和脚步启动的爆发力都较强。

这类打法的网球运动员精通两种截击技术的运用，即发球上网截击技术和随球上网截击技术，并具备出色的快速向前移动能力。他们通常能够保持高成功率的一发，通过迫使对手回击低质量的球，再利用网前截击和高压球技术来得分。这种打法通常适合在快速场地使用，是一种先发制人的打法。善用这种打法的学生通常身材比较高大，而且具有较高超的发球技术和网前截击技术、较好的速度和力量素质，性格多数比较外向，与人比赛一般不恋战，喜欢速战速决。

（二）底线型打法

底线型打法是一种主要依赖正、反手抽击球技巧的战术体系。在比赛中，这种打法通常用于底线对攻。因此，耐力、敏捷的步法以及精准的击球落点控制成为赢得比赛的关键因素。此外，底线型打法还可以细分为跑动型底线打法和进攻型底线打法。其中，擅长跑动型底线打法的网球运动员的特点是具有良好的步法及耐力、意志顽强且头脑灵活。由于移动是其特长而技术少有威胁，因此缺少主动得分的手段。擅长进攻型底线打法的网球运动员的特点是上旋发球技术稳定，接发球预判能力和手感非常优异，正、反手击球都具有很强的杀伤力。

这种打法的网球运动员倾向于在底线附近提前预判并抢点击球，通过巧妙运用底线抽球的速度、节奏、旋转和落点变化来掌控比赛节奏。掌握这种打法的学生通常具备出色的底线抽球技术以及较强的移动能力。在比赛中，他们主要依赖自己快速、凶猛、精确且稳定的底线抽球技术，迫使对手在场上疲于应付，进而让对手失误。

（三）全能型打法

全能型打法又称综合型打法，是指运用各种技术进行攻击和防守的一种打法。这种打法要求网球运动员既能在底线附近来回击球，又能创造或不失网前得分的机会；要求当对手上网时，能击穿越球，并且对手击球较浅时也能随机上网。这种打法要求学生技术全面均衡，在场地的任何地方都能将球处理好。全能型打法的显著优势在于其发球时能够巧妙结合平击与上旋，创造出多变的线路和旋转，从而给对方构成直接威胁。此外，该打法还强调网前预判能力，要求学生在网前表现出色。无论是在跑动中还是静止状态下，他们都能游刃有余地完成击球技术，展现出强大的场上节奏掌控能力。

采用这种打法的学生通常没有明显的弱点，而且在实战中善于随机应变地运用各种技战术，在各种性能的球场上都能较好地发挥出自己的技战术水平，取得比较好的成绩。

二、单打战术教学

（一）单打战术教学方法

1. 多球教学法

相较于其他教学方法，多球教学法在提升练习密度和强度方面表现尤为出色，有效突破了单球练习的局限。它不仅能够助力学生扎实地学习和巩固各项基本技能，还能促进他们在特定技术领域提升与精进。采用多球教学法进行训练时，拍数与动作的复杂度逐渐提升，从简单的固定线路过渡到复杂多变的非固定线路，以适应各种实战场景。无论是随击球、中场截击、近网截击，还是高压球、发球上网、底线对决和综合战术，多球教学法都能根据具体的打法提供多样化的练习方式，使学生在不断挑战中逐步提升自己的技术水平。

2. 比赛教学法

在高校网球战术教学中，有目的地安排技术与战术的搭配练习以及战术的组合练习对加速提高技术与战术水平起到了良好的作用。在教学中运用比赛教学法可组织如下几种教学比赛：结合发球或不结合发球的半场对全场、全场对全场的进攻及防守反击的教学比赛；定点随球上网或不定点随球上网的教学比赛；定点破网或不定点破网的教学比赛；发球上网的固定线路或接发球不固定线路的破网教学比赛等。

具体来说，网球比赛教学法可进一步细化为两大类别：专门技术与战术比赛教学法和擂台式比赛的战术教学法。下面详细分析这两种教学法。

（1）专门技术与战术比赛教学法

运用该教学法，一方面可以提高学生在实战中运用专项技术的能力，另一方面可以帮助学生在对抗练习中不断提高防守和主动进攻的能力。借助专业的技术与策略竞技教学技巧，教师可以灵活组织多样化的教学活动，如发球上网对抗与接发球破网较量、随球上网对抗破网战术、底线紧逼进攻与防守的实战演练，以及在底线左侧、中部和右侧的击球比赛等，这些多样化的教学方式有助于提升学生的学习效果与实战能力。

（2）擂台式比赛的战术教学法

擂台式比赛的战术教学法有助于提高学生的竞争意识和处理关键球的能力。运用该教学法，可组织在某些战术练习课中安排 30～40 分钟 2 人或 4 人打 2 局或 7 分决胜负的比赛；也可根据学生掌握技术的情况规定对某些重要技术得分或失分加以奖励和处罚，以对重点技术进行练习。

3. 检查教学法

通过网球教学中的比赛战术训练，可以有效检验学生在当天或者本周内技术与战术练习的成果，进而发现存在的问题。这样，在下一个教学阶段中，就能有针对性地改进这些不足，提高教学效果。例如，在每节练习课最后的 20～30 分钟，可以安排学生进行几局实战模拟，特别注重发球环节的战术运用；同时，每周还可以专门安排 1 ～ 2 节技术和战术教学比赛课，以强化学生的实战能力，促进他们全面提升。

（二）单打战术教学指导

运用单打战术要求网球运动员有独立作战的能力，头脑冷静，适应能力强，既能控制球路，不轻易失球，又能积极发力进攻。网球运动员在战术运用上要根据自己的技术特点及场上条件灵活变通。单打比赛根据网球运动员打法的不同，使用的战术也有所不同。上网型打法的网球运动员通常会采用发球上网的战术来到让他们容易得分的网前；而底线型打法的网球运动员则习惯死守底线和对方对决；综合型打法的网球运动员则会在全场和对手展开厮杀。针对不同类型的网球运动员，单打战术也有所不同。下面分别论述三种打法的网球运动员在单打中的战术应用，为单打战术教学提供指导。

1. 上网型打法战术教学指导

对于上网型选手而言，他们将每次上网视为难得的进攻机会，一旦上网，除了进攻还是进攻。从某种意义上来讲，上网就是进攻，一旦上网，就一定要树立进攻的心态。上网型打法战术的指导思想就是将网前进攻作为主要得分手段。它的基本战术可分为发球上网战术、随球上网战术、接发球上网战术、偷袭上网战术。

（1）发球上网战术

发球上网战术是上网型选手使用的核心战术。在使用这种战术时，上网型选手依赖球的力量进行积极主动的进攻，力图在开局就掌握主动权，随后迅速上网，展开抢攻，以此作为比赛中的主要得分方式。该战术可具体分为以下几种形式。

①借助一发的强劲力量，发出侧旋球，目标是落在对手发球区的右区外角。紧接着，迅速上网，并冲刺至发球线中线偏左的位置，主要目的是封锁对手可能用正拍接直线球的路线，随后精准地将球截击至对手的反拍区域。

②运用一发之力，选择打出平击球或带有上旋的球，目标是精确地落入对手发球区的右区内角。随后，迅速上网，并占据发球线中线的位置。判断来球并将球截击至对手的底线正拍或反拍深区，或者在中场位置将球截击至网前。

③运用一发的力量，发送上旋球，目标是直接落在对手发球区的左区外角。随后，迅速上网，并移动到发球线偏右的位置，主要目的是封锁对手可能用反拍接直线球的路线，将球截击至对手的正拍区域。

④采用平击发球或侧旋发球的方式，将球发送到对手左区的内角。紧接着，

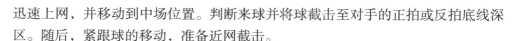

迅速上网，并移动到中场位置。判断来球并将球截击至对手的正拍或反拍底线深区。随后，紧跟球的移动，准备近网截击。

（2）随球上网战术

随球上网战术是一种巧妙的战术，当双方在底线对攻相持之际，或当对手接发球时出现了中场软球（位于发球线前后附近的球）时，选手会果断地采用正拍或反拍抽击，并紧接着随球上网，以此作为比赛中的重要得分手段。

（3）接发球上网战术

当面对对手发球偏弱，尤其是第二发球时，可以积极采取接发球上网战术，从而充分发挥上网型打法的优势。

（4）偷袭上网战术

偷袭上网战术是指当比赛中对手只注意对付一种打法而忽略了对付其他打法时所运用的一种变换上网战术。采用这种战术可以达到打破对手进攻及防守节奏，占据主动进攻优势的目的。

2. 底线型打法战术教学指导

底线型打法是以底线正、反手击球为基础的战术。它的指导思想是用速度、旋转和落点的变化来创造进攻机会。[①] 底线型打法的主要战术有对攻、拉攻、侧身攻、紧逼、防守反击。

（1）对攻战术——中路上旋深球

一场业余比赛中，球员 85% 的得分都来自对手的非受迫性失误。根据这一统计，可以制订这样的基本赢球战术：在没有浅球让你得分时，尽量打出弧线高的深球到对手底线的中路。这一非常简单却十分实用的战术不仅可以帮助初中级选手摆脱非受迫性失误较多的困扰，还能让对方球员的非受迫性失误增多。

（2）拉攻战术——斜线相持

拉攻战术是单打比赛中最常见也是最基本的一项战术。由于斜线的线路长，不容易出界，所以回击斜线球也是比赛中最安全的一种击球方式。在一场单打比赛中，经常可以看到选手形成斜线对拉的相持，他们都在通过斜线的相持来寻找得分的机会。

在斜线对拉的过程中首先要做到的就是把球打深，只有深的斜线球才能抑制住对方的进攻，从而为自己赢得更多得分的机会。在把球打深的同时，还要注意球的过网高度，因为必须有一定的过网高度才能打出很深的斜线球。由于斜线是

① 苏志伟. 持拍隔网对抗类项群单人项目进攻战术特征研究［D］. 西安：陕西师范大学，2011.

网球比赛中距离最长的一条线路，所以在斜线相持的过程中不必过于担心自己的球会出界，反而应注意不要将球打下网。最后要注意的是，在斜线对拉的过程中一定不要仅仅满足于斜线对拉，而是要尽可能地在比赛中寻找变线得分的机会。

（3）侧身攻战术

侧身攻战术是底线型打法中的一种主要战术。侧身攻战术利用强有力的正拍抽击球，配合良好的判断和步法移动，在三分之二的场地上用正拍对对手施加有力的攻击。正手侧身攻是正手击球中的一种战术性打法，它是基于正手动作开放、使用频次高的特点而形成的一种单打战术，也是网球比赛中最常用的一种得分手段。一记成功的正手侧身攻不仅可以为球员制造更多的得分机会，还能使球员始终掌握整场比赛的主动权。

①动作要领。正手侧身攻的动作与正手击球的动作完全相同，不同的是正手侧身攻的击球位置不像正手击球是在球场底线后的右侧，而是在底线后的左侧。在决定采用正手侧身攻进行攻击后，首先要采用交叉步调整步法，在击球前进行微调。准备击球前左肩指向球网，击球时充分转动身体，运用整个四肢的力量击打来球。

②优势和劣势。第一，优势。一场比赛中，正手侧身攻可以创造更多的得分机会，同时也相应地能在一分中占据更多的主动权。另外，用正手侧身攻的回球线路非常开阔，因此在击球时的转体动作更加充分，击球动作也更加隐蔽，使得对手难以判断回球线路。第二，劣势。尽管正手侧身攻有相当多的得分优势，但再优越的组合也会有它的破绽，正手侧身攻也是如此。由于正手侧身攻的击球位置非常靠近球场底线的左侧，有时甚至会超过左侧的单打线，所以一旦正手侧身攻的击球并没有给对方造成足够的威胁，空出来的右侧场地便会"任人宰割"。在击出一记正手侧身攻之前首先要考虑的是这个球是否具备击出后能够掌控该分主动权的条件，在条件满足的情况下，方可大胆地挥出。此外，在打完一记正手侧身攻后，要迅速做好回防的准备。

③正手侧身攻在比赛中的应用。第一，在和对手形成正手对拉的情况下，尝试将对手调动出场外，待手回出一记质量不高的中场球时，主动寻找机会使用正手侧身攻回击对手的反手位空当。第二，在和对手形成反手对拉的情况下，一旦对手回击出质量并不高的中场球，便侧身用正手侧身攻回击对手的正手区域。由于正手侧身攻回直线的飞行距离短，所以对手相应的防守时间也就短，得分的概率便会增高。需要注意的是，将球击回到对手正手区后一定要迅速回位，因为这时自己的正手区域也已形成空当，如果这是一次并不理想的进攻，对手很可能

会抓住这次机会进行反攻。第三，在第一发球区发球时，将球发到对手的反手，一旦对手回击出质量并不高的中场球，便可用正手侧身攻回击对手的正手区域。该战术比在反手相持中争取正手侧身攻的机会更容易得分，还能为发球赢得更多的信心。

（4）紧逼战术——二发强攻

紧逼战术是指底线型打法的紧逼战术，是当今网球界精英热衷的攻击方式。这种战术的核心在于充分展现选手精湛的底线正、反手击球技术，准确迎击上升球，并通过精细的落点控制，步步为营，持续给对手施加压力，从而达到击败对手的目的。然而，在二发环节，一旦发球偏离目标，尤其是发到外角，很容易陷入双误的困境。即便球能勉强落在场内，其位置往往过于靠前，难以给对手造成实质性的威胁。在这种情况下，选手要尽量将球发向对手的身体。因此，二发应注重的是使球过网且不出底线，这样做可以减少出边线的失误。当选择发外角球时，控球意识显得尤为关键，因为它会限制挥拍动作的幅度，进而影响发球的质量。此外，由于接发球者往往会特别注意防守自己的反手侧，若球恰好落在其身体正前方，他们在避让的同时还需进行转身，这样的动作转换往往容易引发失误。

（5）防守反击战术——攻击双手反拍

防守反击战术在底线型打法中占有很重要的位置。选手可以在执行防守反击战术时利用良好的底线控球能力，通过准确预判、快速反应、迅速移动、准确击球调动对手，以达到在防守中寻找机会进行反击的目的。其中，对手的反手是防守反击的突破口。防守反击战术可具体分为以下几种形式。

①利用对手控制范围小的弱点。对于初学双手反拍的学生球员而言，普遍存在一些常见的问题：由于技术动作不够娴熟，所以引拍一般都会很小，尤其是当他们在跑动时，更是难以完成一次幅度足够的引拍。在双手反拍本身控制范围就有限的条件下，初学者又由于球性生疏等问题进一步缩小了控制范围，那么这便是得分的机会。通以尝试先和对方进行正手对拉，从而形成对手反手位的空当，找准机会后突袭对方的反手。值得注意的是，回球并不要求特别刁钻，而是利用对手双手反拍控制范围较小的劣势调动对手在跑动中完成反拍击球，就算不能得分，也可以为自己创造一次主动得分的机会。

②限制对手在舒适的范围击球。当击球点落在大腿与胸部之间的高度范围时，双手反拍击球技巧确实具有较强的稳定性。然而，一旦击球点超出这一理想区域，失误率便会显著增加。因此，为了打乱对手的节奏，可以有意识地增加一些切削球（但需注意，切削球的高度最好不要超过膝盖）或上旋球（尤其是那些能够越

过肩部的高位球），以此迫使对手在其非舒适区域内击球，这样双手反拍失误的概率便会大大地提高。

③调动对手到前场，回球落点控制在对手反手位脚下。一般而言，双手反拍选手在网前的表现往往不如单手反拍选手那么出色，特别是在反手截击方面，他们的劣势表现得更为明显。这主要是因为他们在日常训练中更多地依赖双手来操作反拍，从而在一定程度上影响了他们在网前的技巧和反应速度。具体的攻击方法如下：选手利用切削球引诱双手反拍对手来到前场，然后打出一记过网急坠球并将落点控制在对手反手位脚下，无论对手用双手推挡落地的反弹球，还是用单手反拍凌空截击，都不可能有太大的威胁，以此便能轻松得分。

3. 综合型打法战术教学指导

综合型打法是建立在基本功扎实、技术全面的基础上的，可根据不同的对手和不同的技术、战术掌握情况，场地特点与战术需要，灵活地变化战术打法。综合型打法攻守平衡，遵循积极主动、灵活的战术原则。

（1）接发球战术

对付发球上网型打法的选手，可以采用接发球战术创造机会或先确保接球成功率，再准备第二拍进攻。在被逼到场外接发球时，一定要以斜线球回击。即使是职业选手以直线深球接发，对他们来说也是有技术难度的。网球比赛中最难的就是线路的变换，此时接发球往往没有足够的调整时间，如果采用直线深球接发，是有相当大的风险的。将对手发球按原线路回击（击出斜线球）是比较稳妥的打法。同时，接发球彻底的挥拍动作可以提高击球本身的质量。

（2）破网战术

无论是对付发球上网型还是随球上网型打法的选手，综合型球员在和他们对抗的过程中都要采用底线打深球的战术，不给对手上网的机会。如果对手上网了，首先要做的就是将球打向对手的脚边，让其不好回球；然后采用两边节奏不同的抽球或挑上旋高球的方式回球，一旦球越过对手的头顶，便可以主动上网，等待高压球得分的机会。

（3）相持战术

对付底线稳健型打法的选手，进攻应瞄准场内离底线 1 米的位置，在单打比赛中，学生球员往往因为击球微微出界而丧失宝贵的一分。在进攻时，应当把目标锁定在距离底线 1 米的位置进行击球，无论是底线击球、截击、高压球、反击球还是相持球，这些非发球情况下的击球都应采取此策略。这一策略的最大优势在于可以显著减少失误。冷静反思比赛失利的原因，往往会发现，比起对手的直接得分，自身过多的出界球才是罪魁祸首。当遭遇实力强劲的对手时，容易陷入一种误区，认为不直接得分就无法赢得比赛，但事实上，只要能够严格控制自己的失误，胜利的机会就会大大增加。此外，场内离底线 1 米的击球点足以使对手感到难受，这样也在一定程度上增加了对手回球的失误率。

三、单打战术训练技巧

在高校网球单打战术的训练过程中，通常借助多种经典且高效的训练方法，旨在全面提升学生球员的战术技巧。这些训练方法经过了时间的检验，被证明是增强单打能力的有效途径。具体的训练技巧如下。

（一）节奏变化训练技巧

节奏变化训练技巧如下。两人从底线 1 对 1 对打开始，打 4 拍。主练者前 3 拍打陪练者所在位置的正手位或者反手位（可预设情境）：第 1 拍拉上旋高球，第 2 拍快速击球，第 3 拍拉上旋高球。第 4 拍打开角度，对方出浅球随上直接得分。陪练者回球尽量不失误以配合练习，第 4 拍可选择防守，防守成功则双方相持。

（二）跑动中变线突击训练技巧

在进行底线对打练习时，教师将球送到主练者的正手位。主练者随即运用正手斜线击球两次，紧接着快速调整步伐移动到反手位，以反手直线击球一次。随后，主练者再次迅速转移到正手位，以正手直线完成最后一次击球。整个练习过程中，主练者需要确保起动迅速、移动到位、变向灵活，并且在到达击球位置后，要站稳身形，以最佳的姿势迎前击球。

（三）中场浅球训练技巧

教师送中场半高球，主练者随上进攻打开角度（正手外角或反手外角），陪练者防守回球，主练者选择上网或退回底线。其中，第 1 拍由教师预先告知主练者打正手外角或反手外角，也可以由主练者自己选择。

（四）由守转攻训练技巧

两人从底线位置开始，教师在场边送出中场半高球。主练者迅速迎上发动进攻，而陪练者则负责防守。在这个过程中，主练者需根据教师送球的位置以及陪练者的防守情况灵活选择是上网拦截还是退回底线进行击球。

第二节　高校网球双打战术教学与训练

在高校网球双打运动中，团结协作、相互鼓励、相互谅解与相互信任是不可或缺的元素。这要求双方在思想和行动上达到高度一致，从而确保配合流畅，发挥出最佳的双打效果。双打战术主要是建立在单打战术的基础上的，其中能否控制网前是比赛成败的关键。

一、双打战术阵型分类

（一）双上网型阵型

双上网型阵型的主要特征如下：发球或接发球后采用上网战术，选手的网前截击能力较强，步法灵活快捷，进攻意识较强。

双上网型阵型的核心目标在于通过积极主动的进攻，充分利用精湛的发球和接发球技术，抢先把握上网的有利时机。一旦成功占据上网位置，选手便能在空中对来球进行精准截击，从而占据进攻优势。通过灵活变换击球落点和调整球速，进一步创造得分机会，达到得分的最终目的。

（二）一底一网型阵型

一底一网型阵型的主要特征是，选手的技术比较全面、均衡，无明显漏洞。根据分工的不同，网前选手抢攻意识要强，利用站位给对方击球施加压力；底线选手则利用正反拍的进攻和落点与击球节奏的变化，为网前选手创造抢攻或得分的机会。

一底一网型阵型通过灵活运用底线抽球的不同力度、速度、旋转和落点，积极主动地引导对手做出反应，从而在比赛中掌握主动权。一旦成功调动对手，网前的球员便能获得宝贵的抢攻机会和得分机会。

（三）综合型阵型

综合型阵型的主要特征是，选手的技术比较全面，能攻能守。选手除底线正、反拍击落地球技术比较好以外，还具有较好的中前场技术和发球、接发球技术，穿越球能力也比较强，并且能根据对手的不同打法、不同特点采取不同的应对战术。

综合型阵型的布局极富弹性，变化多端。选手时而采取双上网策略，以迅猛和凌厉的攻击为主轴，占据前场优势，为队伍创造突击得分的机会；时而采用前后站位的方式，底线选手凭借快速且多变的正、反拍技术，掌控节奏，调动对手，为网前选手制造进攻点和得分良机。在接发球环节，选手也能灵活运用双底线战术，以稳健防守为基础，在防守中寻找反攻的契机，从而谋求比赛的胜利。

（四）双底线型阵型

双底线型阵型主要特征如下：发球或接发球质量不高，对对手的威胁性较低，两名选手均留在底线，利用底线抽球的速度、力量落点和旋转变化扭转被动局势。

面对比赛的不利局面，此阵型可成为扭转局势的关键，这种偏防守的站位策略能有效改变比赛的走向。双底线型阵型的优点在于，它能有效缓解发球或接发球时的压力，使队友在网前免受对方的猛烈攻击。在比赛中，它发挥了过渡、稳定战局和通过防守寻找进攻机会的作用。

二、双打战术教学指导

（一）双打发球战术教学指导

1. 双打发球配合要点

在网球双打比赛中，队友之间的发球配合应注意两个方面的内容：一方面，发球前一定要让同伴了解自己发球的落点，以便同伴做好抢网的准备；另一方面，要注重一发成功率，以迫使对手无法击出大角度的回球，从而为同伴网前截击得分创造有利条件。

2. 双打发球技术要点

双打发球落点要深，如果发球有足够深度，就能控制对手冲到网前截击。第一个发球应采用大力发球的方式，发球后随球上网，这时动作要迅速，先冲前三四步，再停下来准备第一次截击。

（二）双打接发球战术教学指导

1. 网球双打接发球配合要点

①接发球的同时主动进攻，向前逼近，给发球者造成心理压力，从而转被动为主动。

②在接发球时，选择打斜线球通常更为稳妥。然而，若对手发球后抢网势头强劲，则可以通过果断地打直线球来有效遏制其抢网动作。

③如果发觉对手已形成双上网的阵势，最佳选择就是将球击向对手中路的脚下，这是让上网方最不舒服的地方。

2. 双打接发球技术要点

对方发球时，接发球的同伴一般站在发球线附近，接发球者回球的情况将直接影响同伴的动作。如果接发球选手能有效地接过发球，并且能够上网，这时两个人应同时上网；如果接发球选手回击球的力量较弱，这时接球选手的同伴就应立即退到底线附近，不要停在原地。对发过来的球不能做有力的回击，就要到底线附近防御。如果两人同在后场站位，应使球落在中间地带，以减小对手回球的角度。

（三）双打抽击球战术教学指导

双打抽击球战术是双打比赛不可缺少的战术。为了使比赛对自己有利，应及时变化抽击球，使对方失去好机会。在使用双打抽击球战术时，应注意以下几点。

1. 把对方调到网前

用抽击球进攻的方法是把球按来时的路线用适当的旋转低球抽回去，目的是把对方调到网前。这种情况不用太担心对方的进攻，只需耐心反击。

2. 抓住时机挑高球

在打了两三个抽击后，在适当的时机挑高球，迫使对方失误。采用与抽击球一样的身体姿势击各种球，不要让对方从姿势上提前预判自己的企图。

3. 尽量少用边角球

在网球比赛中，打抽击球时最好少用边角球，因为前场的同伴必须当心对方的直线球。值得提出的是，适当地变化抽击球可以让对方失去击球扣杀的时机。

（四）双打高压球战术教学指导

双打高压球同样需要展现出与单打高压球一样的干脆与果断，不过两者在策略上有所区别。单打高压球主要侧重于压制对手的左右两侧；而双打高压球则更侧重于瞄准对手两人之间的中间位置以及双打的边线。因此，对于打高压球来说，最主要的不是力量，而是球的落点与角度。双打高压球战术的运用主要有以下要求。

①当对方场上仍有选手位于中场或网前位置时，高压球的落点应精准地落在对方网前选手的脚下。

②若对方两名选手都坚守底线，未进行上网，则高压球的落点应当更加深入，可以选择落在两人之间的空位，或是以大角度打向双打边线。

③当对方的防守策略是选择将高压球挑得很深时，应更加注重击球的成功率，

把球的落点打得更深一些，以此来争取到第二次进攻的机会。

④如果对方高压球挑得浅，可上前一拍将其扣死。

（五）双打截击球战术教学指导

1. 远打

远打是双打快速截击的基本要点。网球双打比赛中的快速截击主要有边角截击、对角球和直线球三种。在截击远打中如果对手的回球较高，就要用高空截击打直线球打击对方。如果球被打到边角，就必须使用边角球防止对手上网抢攻。

2. 原路回击

原路回击是截击战术中另一个基本的方法，即把球按原来的路线打回去。

3. 有效进攻

对方打直线球时，积极进攻的一方总能给接球方增加压力。在中线接球进攻时，有效的进攻方式是打边角球。

（六）双上网和双底线战术教学指导

优秀的学生球员双打时，理想阵型是两人在前或两人在后。如果两个人都处在双上网的位置，而同时对方也是双上网，在这种情况下双方都会向有球的一侧移动。很多球是在中场来回击打，因此球场另一部分就会出现一个很大的空区。这一空区往往是对手进攻偷袭的地区，在比赛中应当有意识地注意这一地区。如果两个人都处在双底线的位置，那么回击时就应当使球多落在中间场区，以减小对方回球的角度。另外，双打比赛应随时重视防御中间地带，因为这一地带是被攻击的主要目标，所以要求两人配合默契。

三、双打战术训练技巧

对于高校网球双打战术的训练，主要有以下几种常见的训练技巧，以此来精进和强化双打战术的运用。

（一）徒手发球上网训练技巧

学生球员 A 和 B 在底线右区，学生球员 C 和 D 在底线左区轮转做徒手发球动作后上网，跑至发球线后做一次分腿垫步，然后做一次徒手截击动作，之后回到底线，以此来练习发球后随球上网动作的连贯性。练习时注意动作之间要衔接自如，步伐要灵活。

（二）发球上网连续拦截训练技巧

学生球员 A 和 B 轮流在底线做无球发球动作，随后迅速上网。在发球线前，采用分腿垫步的技巧，将教师从对方场地发出的首个球成功拦截回发球区附近。紧接着，向前移动到网前，再次使用分腿垫步，将教师发出的第二个球也准确地拦截回发球区附近。在这个过程中，学生球员需保持移动与拦截动作的流畅和协调，并要拦截出斜线球，具体操作如图 5-1 所示。

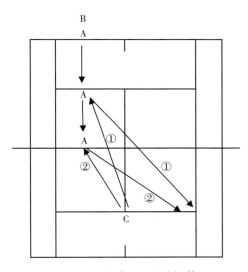

图 5-1　发球上网连续拦截

（三）澳式发球上网截击训练技巧

学生球员 A 发球上网，学生球员 B 接发球；学生球员 A 根据来球的情况向左或向右前方移动，拦截对方的来球。

（四）接发球上网训练技巧

学生球员 A 发球，发球后不上网。学生球员 B 接发球，接球后随球上网，截击学生球员 A 的回球，接发球后上网要果断，截击球落点要深。

（五）接发球双上网训练技巧

学生球员 A 和 B 轮流发球，发球后不上网；学生球员 C 接发球，接球后学生球员 C 和 D 同时上网，截击发球队员的回球。练习时，接发球方上网要果断，发球方要力争破网。

（六）接发球双上网网前对抗训练技巧

学生球员 A 和 B 轮转发球，发球后上网。学生球员 D 接发球，接球后学生球员 C 和 D 同时上网，与发球方进行二对一截击对抗。接发球方要注意网前的配合。

第三节　高校网球心理战术教学与训练

一、高校网球心理战术要求

（一）充分了解自己的技术水平

比赛中，双方都希望发挥出自己的优势，抑制对方优势的发挥，从而在这个过程中不断得分。

网球得分的首要条件就是知己。参加比赛的选手需要了解自己能做到什么，不能做到什么，只有这样才能明确自己什么时候在状态，什么时候不在状态。如果不能充分了解自己，是没办法制订比赛战略的。制订比赛战略前把握自己的水平，给自己定好位是十分重要的。比赛战略需要对以下三个方面进行明确：一是底线后场打法方面，二是网前截击方面，三是发球与接发球方面。在这三个方面可以打出什么样的球？有什么样的路线？在这个过程中的球速怎么样？这些自己都应十分清楚。如果觉得对自己了解得不够清晰，最好听听周围人的评价，如"你网前截击不错""你的球很有韧性"等。总之，自己在什么情况下能打出什么样的球一定要了解清楚，不了解自己的人是无法制订取胜方案的。

（二）制订战略时，首先应发挥自己的特长

高水平职业选手比赛时都掌握着对手的技术资料，因此可以提前制订出比赛战略。然而，对一般选手来说，在大多数情况下并不了解对手，比赛开始后才能知道对方的一些情况。因此，最重要的是首先发挥自己的特长，运用自己最拿手的打法在比赛过程中根据比赛情况逐渐发现对手的技术特点，再去明确自己的战略打法。

（三）根据情况及时调整战略

有时虽然心中事先有了作战计划，但是打起比赛来无论怎样努力也难以奏效，这时就应调整战略。在调整战略前，最重要的是冷静地判断当时的情况，是坚持按既定的战略打，还是在自己陷入完全被动之前尽早调整战略。

如果自己的战略实施效果大体上仍然处于对手之上，那么此时应坚定信心按原计划比赛，即使是对方使出相应的变化手段，也应按原来的打法继续下去；相反，当自己的战略成功率较低时，必须果断地进行调整。

（四）丰富战略计划

单打比赛是孤独之战，比赛中不会得到任何人的提示和指导，必须依靠自己一个人去思考、比赛。为了防止比赛中发生不知所措的情况，要事先做好充分的准备，丰富战略计划。

二、高校网球心理战术教学策略

（一）引导学生形成正确的学习动机

心理学中，动机是驱动个体行为的内在力量，它激励我们投身于各种活动，坚持努力，调整策略，并朝着明确的目标迈进。在网球运动中，动机同样发挥着举足轻重的作用，它是学生球员追求卓越表现、实施精妙战术的不竭动力。

然而，在高校网球教学中，时常存在着学生学习兴趣不足的现象。深入分析这一现象可以发现，学生的学习动机不明确或缺乏是造成该现象的主要原因之一。这种动机的缺失不仅导致教学质量大打折扣，而且使得学生所能掌握的网球知识和战术技巧也相当有限。这不仅限制了学校教育的发展，还影响了国家教育计划的推进。

因此，在高校网球心理战术教学中，教师亟须加强对学生学习动机的引导和激发。通过明确学习目标、设置具有挑战性的任务、引入多样化的教学方法等手段，引导学生形成正确的学习动机，激发他们的学习热情。同时，教师还应注重培养学生的战术意识，让他们在实践中不断摸索、领悟和运用各种战术技巧。当学生内心充满对网球的热爱和追求时，他们自然会以更加积极的态度投入学习，努力克服各种困难，不断提升自己的技术水平。这样的过程不仅有助于提升网球学习效果，还能使他们在比赛中更加灵活地运用战术，取得更好的成绩。

（二）引导学生保持良好的学习情绪

情绪即个体的感情过程，它产生于个体需要与情境之间的相互作用。就像高兴时会手舞足蹈，愤怒时会暴跳如雷，情绪具有显著的情境性、激动性和暂时性特点，它往往随着情境的变迁和需求的满足而减弱或消失。

在观看网球比赛时，不难发现学生在情绪上的波动，即使是那些自控力极强的选手，其表情也会透露出情绪上的微妙变化。这种情绪波动的背后，既有外部因素的干扰，如观众的喧闹声、风速的影响、空气的湿度等；也有内部因素的作用，如注意力不集中、对失误的过度纠结、缺乏耐心以及在关键球时的内心恐慌等。

此外，在高校网球心理战术教学中，由于教学方法可能缺乏系统性和科学性，教师也容易出现情绪上的波动，如产生厌烦情绪，导致教学态度不够认真。同样，学生在学习网球时，如果学习动机不足，也容易产生负面情绪，觉得学习网球乏味无趣。因此，在高校网球心理战术教学中，教师和学生都需要学会有效管理自己的情绪，确保教学和学习过程能够顺利进行，从而提高学生的心理战术水平。

（三）引导学生高度集中注意力

学生的注意力是指其专注于特定目标，并抵制内外在干扰、保持专注的能力。在观看网球比赛视频时，细心的观众可能会注意到，实际打球的时间相对较少，而发球、局点、赛点、盘点和轮换等环节占据了大部分时间。在这些环节中，学生需要高度集中注意力，这直接决定了学生在比赛中的表现是否稳定，能否正常发挥自己应有的水平。

然而，在高校网球心理战术教学中，常常发现学生的注意力难以长时间集中。一节课下来，真正认真听讲与练习的时间并不长，学生的唤醒水平普遍偏低；在高校网球训练中，学生往往不能合理分配注意力，甚至出现心不在焉的情况，对待训练的态度显得较为随意。这些现象无疑严重影响了教学质量，阻碍了高校网球教育的发展与均衡。因此，在高校网球心理战术教学中，教师需要采用有效的教学方法，引导学生高度集中注意力，提高学习效率，从而提高学生的心理战术水平。

三、高校网球心理战术训练方法

（一）常用的心理战术训练方法

1. 暗示训练法

（1）暗示训练法的含义

暗示训练法也被称为自我暗示训练法，主要指的是通过语言刺激来影响人的心理，进而来控制行为的一种方法。[①] 在心理学研究中可以明确，自我暗示可以帮助学生提高自身运动技术水平以及运动动作的成功率和稳定性。例如，学生在接发球时，如果信心十足，握拍、挥拍技术动作就会流畅连贯。

---

① 解文跃，阮利民，李健. 暗示训练对哈尔滨工程大学篮球队员技术发挥的影响［J］. 黑龙江科技信息，2009（5）：112-113.

人可以在任何一种情况下，通过语言这一途径接受暗示和进行自我暗示。语言具备强大的表现力，不仅能够描绘外在世界与内心世界，还能反映各种事物和现象。语言可以调整认知结构、塑造意志品质、影响情感体验，这包括对人的情绪状态、心境波动、信心水平以及意志力的调节。通过这种方式的调节，可以间接地影响内脏器官的活动，实现对体温的调控，甚至影响整个新陈代谢过程。通常情况下，内脏活动较为自主，难以直接控制，但在生物反馈训练的特定场景中，通过语言对中枢神经系统进行刺激，并结合内脏活动的实时反馈，可以有效地调节和控制内脏活动。

（2）暗示训练法的运用

暗示训练法的运用主要包括以下四个重要步骤。

①在一定程度上，语言对情感和行为可以起到决定作用，作为教师应该明确认识和理解这一点。由于在高校网球教学训练中，教师通过一定的语言诱导，可以使学生对网球学习产生极大乐趣，因此高校网球教师要充分利用好这一条件。

②确定网球比赛中经常出现的消极想法并加以消除。在网球比赛中，面对突如其来的状况或是不利的比赛局面，学生难免会产生消极的想法，这是比赛中的常态。为了应对这些挑战，学生需要积极运用心理战术来消除这些消极情绪。他们可以通过自我暗示来增强自信、调整心态，从而更好地执行战术计划，力争在接下来的每一分球中发挥出最佳水平。同时，教师在高校网球教学中也应该密切关注学生的心理状态，及时发现并帮助他们消除消极想法，引导他们更好地运用战术，提高比赛表现。

③确定取代这种消极想法的积极提示语。学生可以在卡片上写上各个步骤的内容，每一张卡片只有一个内容，有多少个消极的内容和心理就写多少张卡片。卡片的正面是所表现出的消极想法，卡片的背面则是对这些消极想法的深入剖析与全新理解。在卡片的最底部写上积极的提示语，可以为应对那些消极情绪提供有力的指引，还可以鼓励学生在面对消极想法时保持积极心态、调整战术策略，以发挥出最佳水平。填写卡片时要注意以下几点。

第一，训练和比赛时要多考虑比赛过程，少考虑结果。在比赛过程中常运用的提示语有发别的落点、打旋转球、发球上网、打快球等；结果性的提示语有胜利、赢得本局或本盘等。

第二，撰写提示语时需保持细心与专注，确保每个字句都经过深思熟虑。

第三，所编写的提示语务必具有明确的目标指向性，力求详尽具体，所用词汇须以正面、积极的词汇为主。

第四，不断重复提示语，重复的时间可以视具体情况而定。

2. 模拟训练法

（1）模拟训练法的含义

模拟训练法实质上是一种针对比赛可能出现的场景与难题进行反复演练的方法。模拟训练法的核心目标是通过模拟实战的方式，让学生能够在多样化的比赛条件下灵活应对，确保学生在不同情境中都能充分发挥其应有的战术水平。[①]

适应是模拟训练法的核心思想。模拟训练法的主要作用在于培养学生适应不同比赛的能力，帮助学生在头脑中建立起科学的、合理的动力定型结构，在不断变化的比赛中正常发挥自身水平。模拟训练法主要分为两大类，一类是实景模拟训练法，另一类是语言、图像模拟训练法。

①实景模拟训练法。实景模拟训练法是学生在预设的特定条件和环境下进行的一种训练方法。它涵盖了多个方面，如模拟对手可能施展的各种技术手法和战术策略；同时，也考虑了比赛过程中可能出现的突发性因素，包括场地条件、天气状况以及观众的反应等因素。通过这种多元化的模拟，学生能够更好地适应和应对比赛中可能遇到的各种复杂情况。

②语言、图像模拟训练法。语言、图像模拟训练法的主要作用在于借助文字和画面的力量生动地描绘出比赛的种种场景。例如，它可以细致刻画裁判的误判瞬间，或者深入描绘学生和对手的行为举止。此外，它还可以借助录像、电影和录音等手段对对手的特点进行详尽的描绘，从而营造出逼真的比赛氛围，帮助学生适应比赛的情境。

（2）模拟训练法的运用

运用模拟训练法时，要将学生本身的特点同比赛的具体情况相结合，以下是三种常用的模拟训练的方法。

①不同比赛对手的模拟。不同的对手往往展现出不同的技战术特点与比赛风格。在备战过程中，为了更深入地洞悉对手的特征并制订出有效的应对策略，可以安排队友在训练中扮演各种对手的角色，模拟他们的活动。通过这种方式，可以亲身体验不同对手的战术布局和比赛节奏，从而在实战中更加游刃有余。这样的演习不仅有助于学生熟悉对手的技战术特点，还能提升他们在正式比赛中应对

---

① 刘天野. 运动员注意力的测量，影响因素，训练方法的研究［J］. 四川体育科学，2019，38（4）：58-62.

各种情况的能力，为取得优异成绩奠定坚实的基础。

②错判与误判模拟。网球比赛中时常会遇到错判与误判，这是正常的，通过在训练中模拟错判与误判，可以帮助学生将精力集中在自己技战术水平的充分发挥上，而忽略裁判错判、误判这些难以控制的事情。

③模拟观众对比赛的影响。网球是一项绅士运动，但在比赛时，现场观众也会激烈地加油，这会对学生比赛造成非常大的干扰。在这样的情况下，任何一名学生都难以避免激动与紧张的情绪。为了有效缓解这种压力，在模拟训练中可以组织观众参与，有意识地为学生设置一些挑战和困难，使他们能够在近似真实的比赛场景中逐渐适应并学会调整自己的心态。这样做不仅有助于减轻学生在实际比赛时可能出现的应激反应，更能提升他们对比赛的掌控能力，确保在关键时刻能够保持冷静、发挥出最佳水平。

3. 表象训练法

（1）表象训练法的含义

表象训练法主要指的是头脑在暗示语的指导下对某种运动动作或者情境进行反复想象，以提高运动员的战术能力和水平的一种训练方法。[①] 表象训练法主要有如下作用：一是对正确动作进行建立和巩固；二是提升动作的熟练度；三是加深对动作的记忆；四是给予学生成功的动作表象体验，可以起到动员的作用；五是坚定学生必胜的信念，帮助学生达到最佳的竞技状态等。

表象训练的主要依据是念动动作以及心理神经肌肉理论。念动动作是指，当我们在脑海中构建一个动作的形象时，会触发神经上的反应，这种反应会导致大脑的运动神经中枢变得活跃，进而激发相关肌肉进行微小的、不易察觉的运动。心理神经肌肉理论提出，人脑中的运动中枢与骨骼肌之间存在着一种相互作用的神经连接。当我们主动在脑海中模拟某项运动动作时，相关的运动中枢便会受到刺激而变得兴奋。这种兴奋状态通过神经系统传递至对应的肌肉，就会引起一些很难察觉的运动动作。

（2）表象训练法的运用

①建立动觉表象。只有按照一定的步骤和遵循一定的规律才能建立动觉表象：第一，在教授新动作的时候，教师需要进行正确的示范，只有这样学生才能对完整的动作形象进行感知；第二，鼓励学生对示范动作进行想象，从而建立起比较清晰和明确的视觉表象；第三，学生通过实际的动作进行练习，从而对运动

---

① 冯展涛. 运动表象训练在学习散打技术动作中的作用 [J]. 中国教师，2008（增刊1）：167-168.

动作的肌肉运动表象进行完善。视觉表象与动觉表象之间存在着紧密的关联，其中视觉表象为动觉表象提供了基础。动觉表象依赖于视觉表象的构建，而运动动作的执行则由动觉表象进行精确指导。在进行教学的时候，教师需要以视觉表象为基础，重点关注和提高学生学习相关技术动作的动觉表象，从而提升学生的技战术水平。

②运用语言提示。在构建和精炼动觉表象的过程中，语言扮演着强化与聚合的关键角色。高校网球教师在传授技艺时，应运用简洁明了的言辞来阐释技术动作的精髓，同时引导学生采用统一的语言进行记忆，从而通过语言这一媒介进一步加深和稳固学生对动觉表象的掌握，并在战术层面上实现更高程度的理解和应用。

（二）比赛中的心理战术训练方法

网球比赛时，学生的心理状态在各个阶段是不同的，可分为赛前心理状态和赛中心理状态。不同状态下心理战术训练方法主要包括以下内容。

1. 赛前心理战术训练方法

（1）消除紧张情绪，放松思想

适度的紧张可以激发学生在比赛中的斗志，但务必把握好紧张的程度，避免过度紧张而影响发挥。在比赛中，要时刻铭记对手同样面临着紧张情绪的考验。以积极且沉稳的心态应对对手，积极巧妙地进行战术布局，不仅能够克服自身的紧张，还能在比赛中占据上风。

比赛前做好充分的准备活动有利于放松心情并使肌肉发热，缓解赛前紧张情绪。在网球比赛之前，选手要尽可能选择一些与网球比赛无关的活动以消除紧张。选手在上场时应该保持饱满的情绪和精神状态。

（2）观察对手

在备战阶段，密切关注对手的一举一动至关重要，此时，是洞察对方优势与劣势的绝佳机会。尽管准备时间有限，无法深入细致地剖析对手情况，但仍可从中提炼出对制订比赛策略有指导意义的信息。例如，观察对手在正手击球时的失误频率，可初步判断其正手是否为薄弱环节；若发现对手在练习高压球时频繁将球落至固定区域，可据此调整防守站位或设计有针对性的战术应对。

2. 赛中心理战术训练方法

（1）集中精神

比赛开始时，选手要将一切注意力放到比赛上，时刻注意球、场地和比分的变化，注意对手的优点和弱点，并排除内外干扰。在比赛的时候，当记忆、思想、注意力、情绪等方面来干扰精神思想的时候，要立刻停止思考这些事情，将全部的精力和思想投入比赛，沉稳运用战术布局。如果丢了分也不要受这一分的影响，要重新集中精力，争取赢得下一分。

（2）培养自信心

无论是在日常的训练中，还是在紧张激烈的比赛中，学生都必须坚定信念、满怀信心地投身其中。充足的自信不仅能让选手在赛场上展现出最佳状态，还能助力他们灵活运用各种战术技巧，发挥出最高水平的技战术实力。

（3）量力而行

量力而行是打好比赛的关键，不要因客观局势的改变做无谓的努力。如果平时是一名底线型打法的选手，就不要突然成为一名发球后上网截击空中球的选手；反之也是如此。学生应深入分析自身的优劣所在，以便在比赛中能够结合个人智力与技术特点精准施展战术，量力而行，确保发挥最佳竞技水平。

（4）处理好决胜局中的心理

决胜局打好的关键是集中注意力，不要紧张。决胜局中的每一分都是至关重要的，因为在决胜局中要先赢得 7 分，并在此基础上胜对手 2 分才可以获得该局胜利。在网球决胜局中，发球占有一定的优势，因此需要保证在发球的时候获得 1 分。在对手发球时，也应积极破解对方的发球策略，从而占据有利地位。即便在决胜局中遭遇落后，也无需气馁。因为反败为胜往往只需一两分的差距，所以此时无需对自身的战术打法做出过多调整，保持冷静的心态更为关键。如果预测对手在决胜局的时候会超常发挥，也需要提前做好心理建设，针对各种情况提前做好准备，可以使用一些更加强有力的、较为特别的打法。即使对手表现比自己好或是打出特别好的一局使自己失利，也要敢于接受，只要坚持并顽强地顶住压力，就会有获胜的希望。

（5）处理好关键比分时的心理

①打"第一分球"时的心理。在网球比赛中，打第一分球时的心理至关重要。无论是发球还是接发球，第一分都扮演着举足轻重的角色，必须做好充分的心理准备。一旦成功拿下第一分，获胜的概率将大大增加。

②比分为"30 比 30"时的心理。在网球比赛中，30 比 30 的比分是常见的，这个时候比赛双方都会紧张。优秀的网球选手在出现 30 比 30 的比分时会鼓励自己接发球不失误并力争赢得下一分。如果首先赢得一分就会打破比赛的均势，在心理上占据比较大的优势。如果 30 比 30 时己方发球，要坚持自己正常的打法，

做到一发发在界内。

③比分为"30 比 40"时的心理。当比分来到 30 比 40 的关键时刻，只需再拿下一分便能赢得本局乃至本盘的胜利。如果此时正处于接发球的位置，要扭转落后局面，破发便是关键所在。然而，许多学生在心理压力下急于求成，可能会采用与以往不同的打法，反而增加了失误的风险。此时，最明智的选择是坚持那些已知能够有效打破比分的接发球策略，保持稳定和专注，从而更有把握地实现逆转。如果此时是自己的发球局，那么要坚持自己的战术和打法，不要随意改变。例如，底线型选手在发球的时候应该中速发球，争取在底线得分；发球上网型选手在发球后应该争取主动，进入场内。

④比分为"40 比 30"时的心理。当比分来到 40 比 30，轮到己方发球时，切忌因急于求胜而产生冲动情绪。此时，可以采用混合发球的战术布局，通过变化发球方式给对手制造困扰，增加其回球难度。同时，不要过分纠结于比分，应在比赛开始前就明确自己的战术意图，这样在比分出现时便能更加从容地掌控比赛节奏，确保胜利在望。

第六章　高校网球运动身体素质训练

网球是一项需要较高的体能水平和敏捷度的运动项目,而对于高校学生来说,提高身体素质是他们取得优异成绩的关键之一。通过科学的训练和精心设计的训练计划,可以有效提高学生的身体素质,增强他们在比赛中的竞技能力,从而降低运动损伤风险,以更好地适应比赛和训练的需要。在高校网球运动身体素质训练中,需要注重综合训练,包括力量素质、速度素质、耐力素质、柔韧素质、灵敏素质等方面,以帮助学生在网球比赛中全面发挥自己的潜力。

第一节　高校网球力量素质训练

一、力量素质概述

(一)力量素质的概念

力量实际上就是指人体肌肉的收缩力量,是人体从事任何运动都不可或缺的。作为身体素质的一种,力量素质则是指人体肌肉工作时克服或对抗阻力的能力。力量素质水平对耐力和速度等素质的发展有着重要的影响。

(二)力量素质的分类

根据不同的分类标准,可将力量素质划分为不同的类型,具体阐述如下。

1. 从运动专项角度出发进行划分

运动专项和力量素质之间存在一定的关系。从运动专项角度出发,可以把力量素质分成以下两种不同的类型。

(1)专项力量素质

专项力量素质就是以高强度专项运动的形式完成动作、克服阻力的能力。提高专项力量素质是力量素质训练的核心目的。

（2）一般力量素质

一般力量素质通常指的是个体在训练过程中，为了能够迅速适应和完成各种身体练习或训练任务，确保日常训练能够顺利、高效进行而必须具备的基础力量素质。

2. 从个体体重角度出发进行划分

从个体体重角度出发进行划分，可以把力量素质分成以下两种不同的类型。

（1）绝对力量素质

绝对力量素质就是一组协同肌中总的力量潜力。绝对力量素质作为一种潜在的力量素质，并不是经常出现的，只有在特殊的状态下才有可能被部分激发出来。一般地，经过系统训练的个体的绝对力量素质是强于普通人的，因为其所调动的参与工作的肌纤维更多。

（2）相对力量

相对力量素质就是人体每千克体重所具有的力量，其计算公式为最大力量/体重。相对力量素质在很多体育项目中起到重要作用，如举重、拳击、摔跤、体操等。

3. 从力量做功所需克服阻力的角度出发进行划分

从力量做功所需克服阻力的角度出发，可以把力量素质划分为最大力量素质、速度力量素质、耐力力量素质三种类型。

（1）最大力量素质

最大力量素质就是肌肉在运动的时候，需要克服阻力时所表现出的能力大小。一般来讲，人的肌肉体积增大时，最大力量素质也会随之增强。

（2）速度力量素质

速度力量素质也叫快速力量素质，是指人体运动时以最短的时间发挥出肌肉力量的能力，或个体在特定的负荷下所表现出来的最快动作速度。速度力量素质取决于人体肌肉的收缩速度和最大力量水平，是速度和力量的结合。速度力量素质包括起动力、爆发力、制动力（反应力）。起动力是指在最短时间内（0.15 秒）最快地发挥出肌肉力量的能力；爆发力指是在最短时间内（0.15 秒）以最大的加速度克服一定阻力的能力；制动力是指以较大的加速度朝相反的方向运动的能力。速度力量素质对网球运动而言有重要的意义。

（3）力量耐力素质

力量耐力素质是指长时间或多次克服外部阻力的能力，即长时间保持肌肉紧张用力而不降低工作效益的能力。力量耐力素质水平取决于神经过程的强度、灵活性和延续性以及肌肉供能过程的顺畅性。力量耐力素质分为动力性力量耐力素质和静力性力量耐力素质，动力性力量耐力素质又可分为最大力量耐力素质和快速力量耐力素质。[①]

（三）网球运动的力量素质要求

对学生来说，力量素质是掌握运动技能、取得比赛胜利的基础体能要求。网球运动的许多技术动作都要求学生具有良好的爆发力，而肌肉的力量和收缩的速度则是影响学生爆发力水平的主要因素。因此，必须对学生进行力量素质训练，增强学生的力量素质，提升学生肌肉收缩的速度，以此促进学生爆发力的提升。总之，学生进行力量素质训练是十分必要的，尤其要针对学生的四肢力量以及腰腹力量进行重点训练。

二、高校网球力量素质训练的方法和注意要点

（一）高校网球力量素质训练的方法

1.哑铃训练

在高校学生力量素质训练中，哑铃训练被广泛应用，可以提升学生的上肢力量。从网球运动的实践过程来看，可以清晰地观察到，学生的上肢力量在网球运动中起到重要的作用。哑铃训练的具体作用及训练方法如下。

第一，颈后臂屈伸哑铃训练方法能够有效增强肱三头肌的力量。具体训练方法如下：学生呈直立姿势站好，两手各紧握一个哑铃，将上臂固定在头部两侧，掌心向后，然后做肘屈伸动作，反复练习。

第二，臂环绕哑铃训练方法能够使学生身体前部肌肉力量素质得到增强。具体训练方法如下：学生呈直立姿势站好，两手各紧握一个哑铃，然后两臂同时向内或者向外做屈伸环绕动作，反复练习。

第三，直臂上举哑铃训练方法能够提高肩带肌肉的力量素质。具体训练方法如下：学生呈直立姿势站好，两手各紧握一个哑铃，两手同时做前平举、上举或侧上举的动作，反复练习。

第四，仰卧上举哑铃训练能够使学生胸部肌肉的力量素质得到提升。具体训练方法如下：学生仰卧在地面或者长凳上，两手各紧握一个哑铃，两臂在身体两侧同时做上举动作（上举时肘部可微屈），反复练习。

---

① 科丽荣. 铅球运动员专项身体素质训练研究［J］. 体育世界（学术版），2015（6）：57-58.

2. 杠铃训练

就训练效果而言，杠铃训练不仅可以培养和增强学生身体协调用力的能力，还可以强化学生的躯干力量和下肢力量。杠铃训练的具体作用及训练方法如下。

第一，负重转体能够有效增强腹内外斜肌以及骶棘肌的力量素质。具体训练方法如下：学生呈直立姿势站好，两脚分开与肩同宽，两手紧握杠铃置于颈后，保持两脚不动，身体先向左转至极限，再向右转至极限。

第二，增强大腿及臀部肌肉力量素质最好的杠铃训练方法是负重深蹲。具体训练方法如下：学生呈直立姿势站好，两脚分开与肩同宽，两手紧握杠铃置于颈后，挺胸塌腰，身体向下蹲，站起时挺胸抬头，腰部保持紧收。注意动作要缓慢。

第三，负重分腿跳杠铃训练方法能够有效增强小腿和曲足肌群的力量素质。具体训练方法如下：学生呈直立姿势站好，两手紧握杠铃置于颈后，连续快速地做前后分腿跳起的动作。

第四，负重提踵杠铃训练方法能够有效增强小腿后群肌肉的力量素质。具体训练方法如下：学生呈直立姿势站好，两手紧握杠铃置于颈后，脚前掌站于低台阶上，脚后跟先尽量下压，然后快速向上提起，重复进行。

3. 徒手训练

徒手训练的常见方法有以下七种。

①原地转髋跳训练：学生在原地起跳，腾空后在空中快速做向左、向右转动髋部的动作，落地后再起跳，重复进行。

②坐姿摆臂前移身体训练：学生双腿伸直并拢坐在地面或者垫子上，双手持重物或者徒手快速做摆臂动作，带动身体前移，重复进行。

③直膝大步走训练：学生伸直左腿直膝向前迈步，左脚后跟滚动着地至前脚掌，这个过程身体重心会随之前移，当重心前移超过支撑点的垂直部位后做后蹬动作，后蹬快要结束时右腿直膝向前迈步，做与左脚相同的动作，两脚交替重复进行。

④踝屈伸跳训练：学生呈直立姿势，双腿直膝跳起，当双脚离开地面后两脚尖尽量向上翘起，落地后重复进行。

⑤立定跳远训练：学生呈直立姿势站好，两脚分开与肩同宽，两手臂上举使身体充分伸展，然后屈膝下蹲，双脚用力蹬地起跳，要尽量向前上方跳起并前引双脚落地，重复进行。

⑥挺身展髋训练：学生两脚开立与肩同宽，先屈膝下蹲，然后双脚蹬地用力起跳，身体腾空使两脚用力向后抬，尽量使双手触碰到双脚，落地后重复进行。

在练习过程中要注意动作姿势的准确性。

⑦原地快速高抬腿训练：学生呈直立姿势站好，上身保持挺直，两肘关节弯曲约 90 度，之后两腿依次迅速向上抬起，抬起到大腿与地面平行的角度，双臂随着腿部动作摆动，前摆摆到肩部高度，后摆摆到臀部之后即可。

4. 拉橡皮筋训练

拉橡皮筋训练是一种专项训练方法，主要适用于高校学生在学习网球时进行训练。在这一过程中，学生充分利用橡皮筋或拉力器，依据正确的网球技术动作，有效地模仿正、反手击球以及发球时的挥拍动作。通过这种方式，学生可以显著提高击球时手臂和身体的快速爆发力，从而优化自身网球技能表现。

5. 斜板训练

（1）斜板滚球训练

对高校学生进行斜板滚球训练，能够使其腹部、背部和肩部肌群的力量素质都得到一定的发展。具体训练方法如下：固定斜板使其与地面形成 30 度左右的夹角，学生面向斜板并站立在斜板低端，将球置于斜板上双手扶球，两脚作为身体的支撑保持不动，弯曲膝盖使身体前倾，用双手将球向上滚动，到达极限后再将球滚回，重复进行。

（2）侧卧腿绕环训练

对高校学生进行侧卧腿绕环训练，能够有效发展其髋部和躯干两侧肌群的力量素质，还有利于增强其爆发力。具体训练方法如下：学生伸展身体侧卧于斜板之上，在上方的一条腿伸直做绕环动作，注意动作幅度尽量要大，进行一定的时间或次数之后，换另一条腿重复进行。

（3）侧卧提腿训练

侧卧提腿训练对于发展学生髋部和躯干两侧肌群的力量素质十分有效。具体训练方法如下：学生伸展身体侧卧于斜板之上，将身体上方的一条腿的脚踝固定系在拉力器绳索或者橡胶带上，拉力方向靠近身体斜下方，尽量快速向上提腿，进行一定的时间或次数之后，换另一条腿重复训练。

（二）高校网球力量素质训练的注意要点

1. 做好充分的准备

在高校学生进行力量素质训练之前，一定要做好充分的准备，从而避免运动损伤的产生。

2.明确适宜的训练负荷

在确定力量素质训练方式之后，还要将训练负荷确定下来，因为这是对训练效果产生直接影响的重要因素。训练负荷太大或者太小都不合适，因为负荷过大易造成动作变形；过小则刺激不够，训练效果不理想。通常，所选择的训练负荷不同，对快肌、慢肌产生的刺激效果也会有所差别。因此，明确训练负荷要对不同的训练阶段、时期进行充分考虑，并且与高校学生的自身特点和项目特点相结合，将训练量、强度、间歇之间的关系处理好。

3.点面结合，注重平衡

发展力量素质既要有重点也要注意全面发展；既要注重小腿、大腿臂、躯干、肩、手、腕关节等部位的大肌群和主要肌群的训练，也要发展薄弱小肌群的力量；不仅要关注重点部位，也要考虑次要部位的肌肉平衡。

4.注意安全保护

高校学生进行力量训练时，结伴练习可便于互相保护。练习重量要由轻到重，动作要由慢到快，尽量避免身体突然扭转的动作。负重练习时，应保持正确的身体姿势并集中注意力，若采用极限或次极限强度，则必须注意呼吸的调节，即练习前可做数次深呼吸，但憋气时间不宜过长。在两组练习之间要合理安排间歇时间，一般以 5 分钟左右为宜。

5.注意放松肌肉

高校网球力量素质训练后要特别注意肌肉的放松，这有助于提高神经系统的调节功能，有利于氧和营养物质的供给，防止肌肉僵化。[1] 因此，应养成自我放松的习惯，可采用按摩或沐浴等恢复手段，使紧张的肌肉得以充分放松。

第二节　高校网球速度素质训练

一、速度素质概述

（一）速度素质的概念

速度素质是指人体或某环节快速运动的能力，包括人体快速完成动作的能力、

---

① 胡静萍. 浅谈普通高校 800 米运动员的训练 [J]. 田径，2008（7）：9-11.

对外界信号刺激快速应答的能力以及快速移动的能力。速度素质是一种综合能力，是人的基本运动素质。快速力量、爆发力、神经支配及技术合理性对速度素质有重要影响。

（二）速度素质的分类

根据表现形式，可以把速度素质分为下列几种。

1.反应速度

反应速度是指人体对所处环境的各种信号刺激（如声、光、触、味等）的快速应答能力。

反应速度与下列因素有关：①注意力专注程度及身体机能的即时状态；②对信号刺激的认知与判断；③反应性动作技能储备及动作效率；④人体感受器的敏感程度。

2.动作速度

动作速度是指人体或人体的一部分完成单个动作或成套动作的快慢及单位时间内重复动作次数多少的能力，分为单个动作速度、成套动作速度及动作速率三种。动作速度是个体成绩表现的重要组成部分。动作速度与下列因素有密切联系：①神经肌肉系统激活状态；②快肌纤维参与程度；③爆发力水平；④动作熟练程度及协调性。

3.移动速度

移动速度也叫位移速度，是单位时间内人体重心移动的距离，通常用通过一定距离的时间或单位时间内所通过的距离来表示。移动速度的影响因素如下：①神经肌肉系统的灵活性；②肌纤维比例及肌肉协调放松能力；③快速力量水平及能量储备；④人体各器官系统的协同配合；⑤移动技术的合理性。

（三）网球运动的速度素质要求

在竞技运动中，大多数运动项目都会参照速度指标对运动胜负做出评判，虽然网球运动不是以速度取胜的比赛，但是速度对网球运动来说也是十分重要的。网球运动中的动作大多是短距离的位移，因此，网球运动对个体的反应速度和动作速度要求是很高的。速度素质会受到多种因素的影响，如灵敏度、力量、耐力、爆发力等，并且速度素质的提升也不是一蹴而就的，要提升速度素质，长期系统的训练是必不可少的。

二、高校网球速度素质训练的方法和注意要点

（一）高校网球速度素质的训练方法

网球运动的速度素质包括判断的反应速度、击球的挥拍速度和步法的移动速度等，是非周期性的。每次击球动作都要经过预测、判断、反应和动作四个过程，这些都是在瞬间完成的。因此，高校学生必须提高反应速度、动作速度和移动速度。

1. 反应速度和动作速度的训练方法

在高校网球训练中，想要提高学生的反应速度和动作速度，可通过以下方法进行训练。

（1）墙前快速阻击

学生面对墙并在墙前 1.5 米处站立，教师在学生身后 1 米处连续、快速地对墙抛球，学生用手快速阻击球。这是在无预判情况下提高学生反应速度和动作速度的练习，其难度要使学生有 1/4 的球不能碰到。教师可以控制抛球的速度和高度；学生可以用脚或手，或手脚并用，或使用球拍阻击球。

（2）仰卧快速阻击

仰卧快速阻击是指在无预判情况下，学生躺在垫子上，手和脚离开地面，教师对着学生抛球，学生用手或手脚并用快速阻击球。教师可以控制抛球的速度和方向。

（3）快速接球

学生站在网前并背对球网，教师在学生身后抛球过学生头顶，学生看到球后快速向前跑动并接球。学生跑动前要降低身体重心，用前脚掌跑动。学生可以直接接球或在球反弹一次后接球；教师在抛球时可给学生声音信号提示。

（4）影子移动

一名学生按特定路线，或自由移动，或跑动并完成滑步、上步、交叉步等移动，或转身、急停、做各种击球动作；另一位学生则跟在其身后模仿。学生要保持身体的低重心，移动的速度要快。在练习中，可以确定相互间的距离；学生之间可以用一根绳子拴着。

（5）连续拦截

学生和教师隔网站立，教师连续、快速给学生送 10 个球，学生尽可能用球拍拦截球。教师可以控制击球的方向，并将球控制在学生可能移动的范围内。在练习中，教师利用手腕很隐蔽地击球给学生。

（6）网前拦截

教师在网前，学生隔网站立在 T 线附近。教师对着学生的身体快速击球，学生用球拍拦截来球，尽可能地拦截过网。教师控制击球的高度，注意安全。

（7）一对二截击

一名学生在网前，另两名学生隔网站立并距离很近，一对二截击。同一方的两名学生要果断截击中间位置的球。截击 15～20 次后相关学生变换位置。

（8）发球活靶

一名学生在发球区内（至少在发球线上），另一名学生在隔网对面的底线后。底线后的学生对网前的学生发球，并不确定击球的方向，而网前的学生要拦截来球，不能后退。在练习开始时网前学生要拦截，之后要截击过网。练习数次后两名学生要交换练习位置。

（9）截击挑高球和高压球

四名学生在网前进行双打截击练习，教师给学生喂球。学生截击数次后，一方突然挑高球，另一方则立即后退高压球。挑高球不能太远，一方高压球时，另一方不能后退或躲避。在练习中，学生按顺时针方向交换位置。

（10）波浪式攻击

一对学生在网前，另三对学生在底线。底线学生攻击网前学生，网前学生截击，如果底线学生攻击失误，则换成另外一对学生击球。以比赛的形式进行练习。网前学生在网前拦截 10～15 次失误后交换位置。

（11）快速接球

教师站在发球线前背对球网，学生在底线后面对教师，双方相距 3 米。教师双手各拿一个球，向侧方抛球；学生判断抛球的方向，快速向侧前方移动接球，接球后抛回给教师并回到原位。教师要隐蔽地抛球，学生要判断抛球方向并快速移动。

在练习中，教师和学生之间的距离可以加大，并可让球在地面反弹一次。教师和学生面对面相距 4～5 米站立，教师向两侧 45 度方向的地面滚球，学生向侧前方以交叉步移动 2～3 米，跨步捡球并抛回给教师后回到起点，整个动作过程保持身体的正直。

（12）发球上网

一名学生发球后上网截击，另一名学生接发球并穿越。10～15 次练习后互相交换位置。

（13）网前截击

四名学生在网前截击，以比赛方式决出每一分；教师在学生的身后喂球。

（14）底线击球

①教师喂底线深球，学生必须向后退，回击直线球穿越网前的学生。

②教师喂短球，学生快速向前移动。当击球点高于球网时，回击直线穿越球；当击球点低于球网时，回击斜线穿越球。

③教师喂中等距离的球，学生快速移动，大幅引拍，大力击球直线穿越网前的学生。

2.移动速度的训练方法

网球比赛中学生通过快速的跑动及时到位，才能回击各种来球。快速跑动是完成击球动作的重要条件，因此发展移动速度素质是非常重要的。以下介绍几种常见的移动速度训练方法。

①快速半蹲走。学生以最快速度做 10～20 米半蹲走，要求走时大小腿之间的夹角在 80～120 度之间，可采用竞赛形式计时进行。

②快速蹬踏。学生降低身体重心，上体保持紧张，踝关节收紧，两脚连续交替以较快频率蹬地。在练习中，可以平躺练习，双脚在空中蹬踏。

③高抬腿。学生上体保持正直，抬高重心，连续交替抬起或降低两腿，膝关节抬起至少要到达水平面的高度；支撑腿要伸直，两腿交换速度要尽可能快。

④后踢腿。学生上体保持正直，膝关节弯曲，用脚后跟向后踢；两腿后踢交换速度要尽可能快。

⑤交叉步。学生上体保持正直，两腿在体前交叉，快速向侧面移动。在练习中，侧向移动时只是一条腿在另一条腿前交叉，前后腿可以不交替。

⑥滑步。学生上体保持正直，一条腿并向另一条腿，快速向侧面滑动；两腿滑动的速度要尽可能快。在练习中，既可以右脚在前，也可以左脚在前进行滑步。

⑦侧向移动组合练习。将两个侧向移动的练习组合（一般不超过两个）起来，如果学生的速度下降，则要缩短练习时间。

⑧抗阻力跑。教师用一根橡皮筋套在学生的腰上，学生听到教师口令后快速向前跑动，教师用一定的力量牵引并跟随跑动。在练习中，学生可以后腿跑、侧向滑步。

⑨跑梯子。用布梯子放在地面（约 20 格，每格宽约 30 厘米），学生降低重心，膝关节稍稍弯曲，快速跑过梯子。在练习中，学生可以后腿跑、交叉步跑、单脚前跳或后跳。

⑩拳击练习。学生跪在垫子上，腰腹部保持紧张。学生用冲拳、左右勾拳、

上勾拳快速击打前方。

⑪ 手拍桌子。学生两手掌交替以最快的速度轻轻拍击桌面。身体重心降低（坐在凳子上），上臂保持紧张。在练习中，学生可以双手在体前交叉练习。

⑫ 手投发球。学生跪在垫子上，腰腹部保持紧张，以发球动作向前上方投投掷球，投掷球的速度要快，并要投掷一定数量的球。在练习中，可减轻或加重投掷球，如学生先以尽可能快的速度投掷 1000 ～ 3000 克的球（普通球的质量在50 ～ 200 克）6 ～ 10 次，再用 300 克的球拍发球，就可以产生速度减缓的作用，提高肩关节和手臂加速的能力。

（二）高校网球速度素质训练的注意要点

1. 符合快肌纤维发展规律

在运动生理学视角下，速度素质水平在很大程度上受到快肌纤维的影响。在高校网球速度素质训练中，要依据快肌纤维的发展规律来设计和选用训练方法，有效发展快肌纤维和速度素质。以快肌纤维的发展规律为依据进行有针对性的高校网球速度素质训练，能够给人体快肌纤维带来以下积极影响。

第一，增加快肌纤维的横断面。

第二，增强快肌纤维的无氧代谢能力。

第三，改变快肌纤维类型。

当快肌纤维得到以上几方面的发展与完善后，速度素质能够得到有效的提升。

2. 注重与网球专项特点相结合

学生的速度素质训练必须与网球专项特点有机结合起来，如果速度素质训练不符合网球专项特点，那么学生获得的速度不会转移为专项竞技能力的一部分。因为简单的快速动作练习和人体植物神经系统活动之间的联系不是必然存在的。学生速度水平的提升是以快速动作为前提的，在快速动作练习的基础上，要通过结合网球专项特点的训练将获得的速度能力与网球运动特有的神经系统活动的表现形式有机结合起来，强化训练过程中感受器官与运动器官的一致性，提升速度素质训练效果。

3. 发展速度素质应重视肌肉放松

肌肉放松对提高速度是非常有帮助的，如果肌肉紧张，动作协调性较差，就无法发展速度素质。因此，在高校网球速度素质训练中学生要适度放松肌肉，使血液循环变得通畅，能够更高效地利用能量物质，促进速度的提升。

4.合理安排练习顺序

一堂高校网球速度素质训练课应先进行速度素质专门练习，提高学生的反应能力、动作频率和协调能力，然后进行重复跑和加强无氧代谢能力的加速跑练习。此外，练习内容之间的衔接顺序也要先易后难、先慢后快。

5.有效调控训练负荷

在进行速度素质训练时，肌肉的活动强度达到最大，整个机体处于极度兴奋的状态，同时不断受到来自骨骼肌的大量传入冲动，这样皮质细胞易疲劳，引起运动能力下降。因此，要掌握好高校网球速度素质训练的间歇时间和休息方式，不能只进行最大强度和接近最大强度负荷的练习，并且要变换训练方法与手段，防止出现"速度障碍"。

6.注意克服"速度障碍"

"速度障碍"是影响高校网球速度素质发展的重要因素。在训练过程中，有些学生的速度素质发展到一定程度时，往往会出现停滞或难以提高的现象，即出现"速度障碍"。[①] 因此，要注意克服"速度障碍"。"速度障碍"产生的客观原因是练习过于单一，与定型化的训练方法和手段有关。对此，教师要及时调整训练思路，改变一贯的训练方法、负荷、要求。克服"速度障碍"手段要多样化，尤其要注意使用阻力、助力的手段，如上、下坡跑，牵引跑等，进一步打好基本技术基础，突破障碍瓶颈。在此之前，应强化完成动作的肌群，提高力量和弹性，同时注意采用结构相同、相似的动作提升速度素质。

第三节　高校网球耐力素质训练

一、耐力素质概述

（一）耐力素质的概念

耐力素质就是人体在长时间工作或运动中克服疲劳的能力。耐力素质水平的高低能够反映出人体健康水平或体质强弱。耐力素质作为身体素质的重要组成部分之一，与其他素质之间有着密切联系。

---

① 孙大伟. 浅谈青少年短跑运动员速度训练的要求和方法［J］. 中国科教创新导刊，2011（33）：229.

（二）耐力素质的分类

不同的运动项目对机体体能的要求各不相同，耐力素质作为体能素质中重要的身体素质之一，在各种运动项目中，自身所具有的特征和标准也是较为特殊的。

通常，可以按照下列标准来对耐力素质进行类型上的划分。

1. 按照运动时间划分

按照运动时间的长短不同，可以将耐力素质分为以下三种类型。

（1）短时间耐力

短时间耐力就是指完成持续时间在 45 秒至 2 分钟的运动项目所需的耐力。完成这类运动项目的能量主要来源于无氧代谢过程。

（2）中等时间耐力

中等时间耐力就是指完成持续时间在 2 ～ 8 分钟的运动项目所需的耐力。在运动过程中，机体对氧的吸收和利用的能力会对机体的运动能力产生直接影响。

（3）长时间耐力

长时间耐力就是指完成持续时间超过 8 分钟的运动项目所需的耐力。一般而言，在这一类型耐力素质的训练过程中，运动员的心率可达到 170 ～ 180 次 / 分钟。

2. 按照氧代谢方式划分

按照氧代谢方式的不同，可以将耐力素质划分为以下三种类型。

（1）有氧耐力

有氧耐力就是机体在氧气供应充分的情况下坚持长时间运动的能力。机体的有氧代谢能力能够将机体对氧的吸收、运输和利用能力充分反映出来。要想发展和提升机体自身输送氧的能力，就必须进行有氧耐力训练。

（2）无氧耐力

无氧耐力就是机体在氧供应不足的情况下坚持长时间运动的能力。机体通过无氧耐力训练，能够使自身负氧债能力得到有效提升。

（3）有氧与无氧混合耐力

有氧与无氧混合耐力是一种特殊耐力，介于有氧耐力和无氧耐力之间。通常，这种混合耐力素质运动的持续时间要比无氧耐力长，但是比有氧耐力要短。

3. 按照身体活动划分

按照身体活动的不同，可以将耐力素质分为以下两种类型。

（1）身体部位的耐力

身体部位的耐力主要是指机体的某一身体部位在进行长时间运动时克服疲劳

的能力。在体能训练过程中，一般耐力的发展水平会决定着这种局部耐力水平。

（2）全身的耐力

全身的耐力主要是指机体的整个身体机能在运动训练中克服疲劳的综合能力。它是机体耐力素质的综合反映。

4.按照运动项目耐力划分

从不同运动项目的耐力差异角度来看，可以将耐力素质分为以下两种类型。

（1）一般耐力

一般耐力是一种多肌群、多系统长时间工作的能力，是完成各运动项目的基础能力。进行一般耐力训练时，应充分考虑一般耐力与专项耐力之间的关系。

（2）专项耐力

专项耐力是指个体为取得专项成绩而最大限度地激发机体潜能克服因专门负荷所产生的疲劳的能力。不同项目的专项耐力存在很大的差异，主要是由于环境、阻力、比赛过程等方面有各自的特点。

（三）网球运动的耐力素质要求

通常情况下，学生的耐力水平与其克服身体疲劳的能力呈正相关关系，如两名学生的其他条件都相同，而耐力素质不同，那么耐力素质较强的学生更能克服身体的疲劳。

网球运动是一项需要长时间移动及连续挥拍、相持迂回的运动项目，对学生的耐力素质有极高的要求。人的心肺功能是人的耐力素质的基础，人的呼吸系统和循环系统也会影响人的耐力素质水平，而对学生进行耐力训练，能够有效提升其有氧代谢和无氧代谢能力。

除此之外，网球运动对学生的心理素质有很高的要求，而耐力素质的水平又对学生的心理素质有着重要影响，这就更说明了耐力训练对学生的重要性。当然，在进行耐力训练时也应配合适当的心理素质训练，这有助于提升学生的耐力素质水平，培养其坚韧品质和吃苦意志，从而提高其网球运动水平。

二、高校网球耐力素质训练的方法和注意要点

（一）高校网球耐力素质训练的方法

在长时间的网球比赛中，要保持最佳的竞技状态，始终如一地发挥出最高的竞技水平，耐力素质是关键因素，也是最后取胜的关键因素。跑步这项运动对于提高心肺功能、加强腿部力量是十分有效的，但单一的跑步训练还是不够的。在

网球比赛中，学生的移动节奏是极不规律的、不定向的，有快有慢，有跑有跳有走等。因此，在发展高校网球耐力素质时还需要采用多样性和综合性的训练方法，具体分析如下。

1. 跑的训练

（1）法特莱克训练法

法特莱克训练法是一种由持续练习法和变换练习法综合而成的训练方法。该训练法的特点是在各种变化的外界条件下进行持续、变化的跑动练习，时间可达1～2小时，强调自我调节和有节奏的变化。练习中可把间歇跑、重复跑、加速跑和走等方法有机地结合起来。法特莱克训练法对过程没有特别的限制，可自由选择地形、路线和速度等，以激发练习的兴趣，提高耐力水平。

在实际练习中，依次进行以下练习：准备活动慢跑及柔韧练习5分钟，快速跑1分钟，匀速跑3分钟，竞走5分钟，慢跑1分钟，逐渐加速跑3分钟，直到极限后再坚持1分钟，放松跑5分钟，极限跑100米，慢跑5分钟。练习2～3组。

（2）阶梯变速跑训练

在场地、田野或公路上，用不同的速度跑3000～4000米，可进行阶梯变速跑训练：10米快 +10米慢返回跑，20米快 +20米慢返回跑，30米快 +30米慢返回跑。练习强度为60%～70%，总时间为30～40分钟。

（3）间歇车轮跑训练

在原地做车轮跑动作或者做行进间车轮跑动作，车轮跑50～70次为一组训练。每次训练进行6～8组，每组之间间歇2～4分钟，训练强度安排在75%～80%。

（4）高抬腿跑转加速跑训练

让学生先进行高抬腿跑，20米后转为加速跑，向前行进80米即为一组训练。每次训练进行5～8组，每组之间间歇2～4分钟，训练强度安排在80%～85%。

（5）反复加速跑训练

让学生做加速跑向前跑动100米或者更长的距离，完成之后放松走回原地，即为一组训练完成。每次训练进行8～12组，训练强度安排在70%～80%。

（6）反复跑台阶训练

选一处高度在20～50厘米的连续台阶，让学生连续跑台阶，每步跨2个台阶，跑30～40步为一组训练。每次训练进行6组，每组之间间歇5分钟，训练强度安排在 65% ～ 70%。

（7）匀速持续跑训练

让学生匀速向前跑动，中间不停歇跑 60 分钟以上。需要注意的是，在跑步过程中要对学生的心率进行监测，保证心率在 150 次 / 分钟左右。

（8）变速越野跑训练

让学生在野外进行越野跑，要求学生在 1000 ～ 1500 米行进中进行快速跑或加速跑，训练强度安排在 60% ～ 70%。

（9）间歇快跑训练

让学生以 100% 的强度快速向前行进 100 米，然后慢跑 1 分钟，即为一组训练，每次训练进行 10 ～ 30 组。

（10）俄式间歇跑训练

训练时采用固定速度配合固定的间歇时间，随着训练水平的不断提高，逐渐缩短间歇时间。例如，在练习 800 米跑的过程中，让学生按照规定速度跑 200 米后休息 20 ～ 30 秒，然后重复进行训练，当学生的水平有所提高之后，将休息时间缩短为 10 ～ 20 秒，重复进行训练。

（11）持续接力跑训练

4 ～ 5 名学生为一组进行训练，每名学生都用全力快速向前跑 100 ～ 200 米，然后让下一名学生接力继续向前跑动，所有学生都跑完一次即为一组训练。

2. 跳的训练

（1）跳绳训练

跳绳项目是提高腿部爆发力的有效方法之一，也是提高耐力素质的重要手段，并且很有趣味性。跳绳有前后（左右）跨跳、高抬腿跳、交叉开合跳、双摇跳、单足（交换）跳、蹲跳、交叉跳等。

（2）连续跨步跳训练

让学生在跑道上做连续向前跨步跳，每组 30 次。

（3）左右跨步跳训练

让学生两脚开立，左腿蹬地，右腿向右跨步，然后右腿蹬地，左腿向左跨步，依次连续进行，两腿各跨 30 次为一组。

（4）连续跳高台训练

让学生在楼梯或看台上做双脚连续跳上高台的训练。跳楼梯时每组次数可以达到 40 次，跳看台时每组 20 次左右。

3.结合场地与球的训练

（1）结合场地的训练

教师站在高校网球场的网前，一名学生站在网球场底线的中点处，教师连续向其送出斜线球，学生击中球之后立马跑回底线中点处。每名学生连续进行2分钟即为一组训练，一组训练完成后有2分钟的间歇时间，之后继续进行训练，每次需完成5组。

（2）结合球的训练

在对学生的专项耐力素质进行训练时，常见的结合球的训练方法有以下几种。

①击短球训练。学生向左或向右移动连续进行击短球练习，完成20～40个球即为一组训练。

②截击球训练。学生向左或向右移动连续进行截击球练习，完成20～40个球即为一组训练。

③抽击球训练。学生向左或向右移动连续进行底线抽击球练习，完成30～50个球即为一组训练。

④截击球和高压球交替训练。学生前后移动连续交替进行截击球和高压球练习，完成20～40个球即为一组训练。[①]

（二）高校网球耐力素质训练的注意要点

1.遵循身心发展规律，选取有效的训练手段

耐力素质训练是高校网球体能训练的重要组成部分，也是体能储备的主要方面。进行网球运动耐力素质训练一定要遵循适宜的训练规律，这里主要是指学生的身心发展规律。另外，在遵循学生身心发展规律的基础上，还要选择有效的训练手段，这样才能对学生网球竞技能力的保持和发展起到促进作用，并尽可能避免学生发生伤病。教师在训练学生的耐力素质时，应注意选择有效的、与专项竞技能力结合较为紧密的训练手段。

2.注意呼吸问题

学生在进行耐力素质训练时，一定要把握好关键因素，即正确的呼吸节奏。在学生进行中等负荷耐力素质训练时，机体的耗氧量与供氧量之间的平衡会被打破，更高负荷的训练则会进一步加重这种不平衡感。另外，在呼吸节奏与动作节奏配合的一致性方面要高度关注，从而保证呼吸与动作之间的协调性。

---

① 马达，李志远，陈泷. 对现代网球运动体能科学训练的探讨［J］. 内江科技，2009，29（1）：45-46.

3. 有氧耐力素质与无氧耐力素质训练相结合

有氧耐力素质与无氧耐力素质之间存在着十分密切的联系。一方面，有氧耐力素质能为无氧耐力素质的发展提供基础，对学生进行有氧耐力素质训练能够有效提升其心脏的每搏输出量，这为无氧耐力素质的提升奠定了一定的基础。另一方面，在对学生进行有氧耐力素质训练的同时加入一些无氧耐力素质的训练，不仅能够改善学生呼吸系统和循环系统的功能，还能使机体的输氧能力得到提升。综上所述，在对学生进行耐力素质训练时，一定要将有氧耐力素质训练和无氧耐力素质训练结合起来进行，使两者能够相互促进、相互提升。

4. 注意体力的恢复

在进行耐力素质训练时一般要进行长时间的运动，这很容易使学生产生疲劳。因此，在耐力素质训练结束之后，一定要注意使学生恢复体力；学生也可以自行采用按摩或温水浴等方式使身体得到放松，从而消除疲劳、恢复体力。另外，也要注意蛋白质、糖等能量物质的补充，这能有效地促进体力的恢复。

5. 加强医务监督

耐力素质训练具有持续时间长、负荷强度大的特点，进行耐力素质训练会对学生的各器官系统产生比较大的影响。在进行耐力素质训练时，如果学生的健康水平和运动能力状况不是很好，很有可能对其身体造成一定的伤害。因此，在对学生进行耐力训练时要加强必要的医务监督。一方面，要对学生进行身体机能的评定，判断学生的身体状况是否适合参加耐力素质训练。另一方面，要注意观察学生在进行耐力素质训练过程中的情况，如果发现异常情况应酌情降低训练强度，减少训练的负荷量，甚至直接停止训练。

6. 合理安排交叉训练

交叉训练通常是指学生在出现伤病时或在一个比赛期后的恢复阶段，进行其他运动项目以维持基本体能水平的训练。现在交叉训练已经成为高校网球耐力素质训练计划的组成部分，在训练过程中有意安排交叉训练可以减轻过多的专项训练对局部肌群、关节带来的过度压力。在进行交叉训练时应注意刺激的强度，时间要能基本达到专项训练的要求，使呼吸系统、心血管系统、肌肉骨骼系统能够很好地适应。

第四节 高校网球柔韧素质训练

一、柔韧素质概述

（一）柔韧素质的概念

柔韧素质指的是人体各关节的活动幅度和肌肉、肌腱等软组织跨过关节的弹性与伸展能力。其中，"柔"指的是肌肉、韧带等被拉长的限度；"韧"指的是肌肉、韧带等保持被拉长长度的力量。不同的运动项目对柔韧素质的要求也有所不同。

（二）柔韧素质的分类

依据不同的分类标准，柔韧素质可以被分为不同的种类，具体如图 6-1 所示。

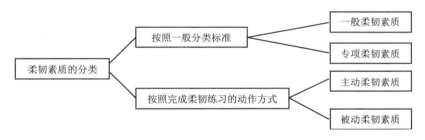

图 6-1　柔韧素质的分类

其中，一般柔韧素质指的是机体为了适应一般技能的发展所需具备的柔韧体能；专项柔韧素质指的是为满足专项运动技术所需具备的柔韧体能；主动柔韧素质指的是人在主动运动中表现出来的柔韧素质水平；被动柔韧素质指的是机体在外力协助或作用下表现出来的柔韧素质水平。

（三）网球运动的柔韧素质要求

网球运动对学生的柔韧素质是有一定要求的，如果学生的柔韧素质较差，他就很难掌握高水平的网球运动技能，还可能在网球运动过程中发生损伤。如果学生的柔韧素质较差但身高较高，那么他在网球运动中受到肢体损伤的概率会更高。

实践证明，柔韧素质对进行网球运动而言是十分重要的，良好的柔韧素质有助于学生提高技术动作的伸展性和协调性，能够帮助学生在网球运动中打出好球；同时，还能大大降低学生发生肢体损伤的概率。在对学生进行柔韧素质训练时，需要注意对学生的肩关节、髋关节、腰部及其周围韧带肌肉等部位的活动能力进行重点训练。

二、高校网球柔韧素质训练的方法和注意要点

（一）高校网球柔韧素质训练的方法

训练柔韧素质的目的是提高跨过关节的肌肉、肌腱、韧带等软组织的伸展性，其伸展能力的提高主要是"力"的拉伸作用的结果。基于此，这里主要从以下三个方面出发探讨高校网球柔韧素质的具体训练方法。

1.上肢柔韧素质专项训练

常见的上肢柔韧素质专项训练方法有以下几种。

（1）拉指训练

左臂伸直，掌心向上，用右手压左手手腕，使左手手指向下，两手交替训练。

（2）肩部伸展训练

左臂在身体左侧自然下垂，右臂屈肘，用右手抱住左臂肘部，用力将其向胸部拉压，到达极限后保持5秒，换另一侧交替进行。

（3）开门拉肩训练

选择一处门框，学生前后开立站在门框中央，左臂肘关节外展到肩的高度，左臂的前臂向上，掌心对墙，呼气时上体向右侧转动使左肩充分拉伸，反复训练一定的次数或时间之后换另一侧进行训练。

（4）助力转肩训练

两人一组进行训练，其中一人作为助力者，练习者伸出右臂屈肘90度做侧举动作，助力者固定住练习者右臂肘关节，用力向后推手腕，到达极限后保持动作10秒，换左臂进行训练。两人交替进行助力转肩训练。

2.躯干柔韧素质专项训练

常见的躯干柔韧素质专项训练有以下几种。

（1）体前屈训练

学生呈直立姿势站好，两腿伸直，上体前倾向下振，尽量使胸部贴近两腿，双手能够抱住踝关节，动作幅度尽量大，达到极限后保持动作15～20秒，反复训练，不断增大振幅，提高身体的柔韧素质。

（2）体后屈训练

学生呈直立姿势站好，上体挺腹，两脚跟提起，身体尽量向后屈，使双手尽

量触及地面，到达极限后动作保持数秒再还原成直立姿势，反复进行。

（3）体侧屈训练

学生呈直立姿势站好，两脚分开与肩同宽，双手合掌举过头顶，身体向左侧侧屈，到达极限后保持 10 秒，然后恢复成直立姿势，以同样的方法向右侧侧屈，反复进行。

（4）俯卧撑训练

学生呈俯卧姿势，双腿伸直，两脚背触地，双手置于髋部两侧，掌心向下撑地，手指向前，双臂用力将上体撑起，头部向后仰，形成背弓姿势，动作幅度尽量大，动作完成后保持 10 秒，然后还原成俯卧姿势，反复进行。

3. 下肢柔韧素质专项训练

常见的下肢柔韧素质专项训练有以下几种。

（1）仆步压腿训练

学生左腿伸直，右腿完全下蹲，使两脚脚掌着地，用右手按住右脚背，左手放在两脚之间，做下振动作，随着训练的进行逐渐增加振幅，进行一定时间的训练之后两腿交换练习。

（2）侧压腿训练

学生站在高低适宜的单杠前，左腿作为支撑腿，将右腿抬起放到单杠上，两腿都保持伸直状态，身体侧倾压腿，进行一定时间的训练之后两腿交换练习。

（3）弓步压腿训练

学生左腿向前迈出一大步，两手按在两膝上呈弓步姿势，身体向前方移动，两脚跟不离地做压腿训练，进行一定时间的训练之后换右腿练习。

（二）高校网球柔韧素质训练的注意要点

为了保证高校网球柔韧素质训练的效果，在进行柔韧素质训练时要注意以下几方面的要点。

1. 坚持经常练习

学生通过系统的专门的训练可以获得柔韧素质，但是柔韧素质不是获得之后就会永远保留的，如果停止训练，那么肌肉、肌腱、韧带等已经获得的柔韧素质也会很快减弱。因此，学生如果想要长期拥有柔韧素质，就必须经常进行训练，并且要循序渐进、不断巩固，只有这样，才能保证柔韧素质长期保留并且不断发展。

2. 兼顾相互联系的部位

高校网球柔韧素质训练是针对全身的训练，训练目的就是使学生的整个身体都能够协调发展。因此，在进行柔韧素质训练时，不能只针对身体的一个关节或者一个部位，而要兼顾相互联系的部位。

例如，关于"体前屈"运动，虽然主要是训练腿部的柔韧素质，但是其与脊柱、肩、髋部的柔韧性是密切相关的，因此也要对这些相互联系的部位进行训练。

第五节　高校网球灵敏素质训练

一、灵敏素质概述

（一）灵敏素质的概念

灵敏素质是指个体在各种突然变换的条件下，协调、快速、准确地完成动作的能力。[①] 在熟练掌握运动技能的情况下，灵敏素质能得到充分发展和提高。灵敏素质不像其他素质一样有具体的衡量标准，一般来讲，只能通过动作的熟练程度来显示灵敏素质水平。

（二）灵敏素质的分类

1. 一般灵敏素质和专项灵敏素质

（1）一般灵敏素质

一般灵敏素质是指在各种运动中，在突然变换条件的情况下，能迅速、准确地完成各种动作的能力，它是专项灵敏素质发展的基础。

（2）专项灵敏素质

专项灵敏素质是指在各种专项运动中能够迅速、准确、协调地完成专项运动中各种动作的能力。它是在一般灵敏素质的基础上，不断重复专项技术和技能环节训练的结果。

各项运动对灵敏素质有着不同的要求。例如，球类项目和格斗类项目动作复杂，没有固定的程序和动作模式，随时根据比赛条件的变化改变动作的方向、速度、身体姿势，主要强调反应、判断、躲闪、移动、随机应变、动作敏捷等能力；

---

① 范旭东. 灵敏素质测试仪的开发与评价标准体系构建的研究［J］. 广州体育学院学报，2012，32（1）：90-93.

健美类运动项目则主要强调快速改变身体位置、空中翻转、时空感、节奏感和控制身体平衡等方面的能力。因此，专项灵敏素质具有明显的项目特点，必须根据专项机能的特异性，发展不同的专项灵敏素质。

2.动作灵敏素质和反应灵敏素质

（1）动作灵敏素质

动作灵敏素质是指人体在运动中根据需要迅速改变动作的能力，表现为连续的变速或变向、急起急停、快速转身等动作行为，主要受力量、速度等身体素质的影响。

（2）反应灵敏素质

反应灵敏素质是指人体中枢神经系统在受到外界环境刺激时，通过各种感觉系统进行快速的信息加工和发出指令的能力，与经验、判断、决策和心理唤醒水平有关。反应灵敏素质是动作灵敏素质的生理基础。

（三）网球运动的灵敏素质要求

灵敏素质是一种综合性较强的运动素质，个体的运动技能、运动感觉和身体素质水平等都会影响其灵敏素质。

对网球运动来说，灵敏素质就是个体视觉在大脑皮质经过转换，使已经形成的网球运动技术动作动力定型以适应突然变化的运动情况。

通常来讲，灵敏素质是建立在熟练掌握运动技能的基础上的，也就是说，如果个体已经掌握了多种网球运动技能，那么其灵敏素质也相对较高。因此，只有进行大量的训练，使个体掌握更多的运动技能，才有助于提升个体大脑皮质的可塑性和灵活性，最终提高其灵敏素质。

二、高校网球灵敏素质训练的方法和注意要点

（一）高校网球灵敏素质训练的方法

灵敏素质是人体综合能力的反映，受遗传因素影响很大。为了提高灵敏素质，高校网球教师应尽可能采取逐渐提高复杂程度的训练方式，也可以通过改变条件、器材等方式增加技术动作的复杂性和难度；同时，还应着重培养和提高学生掌握动作的能力、反应能力、平衡能力、观察能力等。

对于学生来说，灵敏素质不仅是评判和展现其技术水平的关键因素，还是其力量、反应能力、速度、爆发力和协调等多种素质的综合体现。因此，提高学生的灵敏素质对于优化他们在网球运动中的专项表现具有极其重要的意义，下面将

介绍几种专门发展灵敏素质的训练方法。

1. 急停急跑训练

在急停急跑训练中，教师对学生发出急停或急跑的信号，学生听到信号后做相应的动作，跑出一段距离后返回，返回途中也要根据教师的信号做转身跑、变向跑、后退跑等动作。

2. 闪躲跑训练

在闪躲跑训练中，事先画两条间距为 30 米的平行线，在平行线之间每隔 6 米插上一根标枪。训练开始之后，学生从一条平行线迅速跑向另一条平行线，跑的过程中需要躲避标枪。

3. 十字交换跳训练

在十字交换跳训练中，学生呈直立姿势站好，双脚同时起跳，做前后左右十字交换跳动作。

4. 起跳转动训练

在起跳转动训练中，学生呈直立姿势站好，两脚分开与肩同宽，两脚同时起跳，身体腾空后做 90 度、180 度、360 度转体运动后落地。

5. 传接球训练

在传接球训练中，两人一组进行训练，一人作为传球者，另一人作为接球者。传球者向不同的方向抛球，接球者快速移动接球，接到后传给传球者，训练一定时间后两人交换角色继续训练。

6. 迈步转髋训练

在迈步转髋训练中，学生呈直立姿势站好，髋部向右侧转动，同时高抬左脚向右前方迈步；左脚落地后快速使髋部向左侧转动，同时高抬右脚向左前方迈步，重复进行。

（二）高校网球灵敏素质训练的注意要点

1. 练习手段多种多样

高校网球灵敏素质的发展以运用多种多样的练习手段为基础。应当充分认识到，学生外在表现的灵敏素质实质上与其内在的各系统、运动器官及其机能水平具有密切关系。学生在运动中所表现出来的定向、定时能力和动作准确、迅速变化的能力，均取决于其内在各系统和运动器官功能的水平。

人体各种器官功能的提高是需要使用多种多样的练习手段来实现的。提高学生灵敏素质的首要问题是力求练习手段多样化。在实践中，无论运用哪些手段，这些手段均应全面或有所侧重地体现出有利于提高下肢急停、变向、再起动的特点，有利于促进学生对外界的复杂变化及时做出应答的特点。

2. 掌握多种运动技能

高校网球灵敏素质的发展以掌握多种运动技能为技能学基础。人们应当充分认识到，大脑皮质的暂时性神经联系是动作技能动力定型的神经学基础。大脑皮质的暂时性神经联系越多，人体对外界所做出的应答动作就越灵活。促使大脑皮质尽量形成更多的暂时性神经联系，需要通过掌握大量的运动技能才能实现，因此提高学生灵敏素质的关键是力求运动技能多元化。无论学习哪种运动技能，其学习过程均应鲜明地体现出有利于尽快建立条件反射和动力定型的特点、有利于某种运动技能相互迁移的特点、有利于提高灵敏素质及构成素质因子发展水平的特点。

3. 合理安排训练时间

灵敏素质训练时间安排的合理性着重体现在合理安排一个训练单元的最佳时机和一次练习的时间范围。

从一个训练单元的过程来看，开始的部分是发展灵敏素质的主要时机。此时学生精神集中、体力充沛，进行灵敏素质训练的效果会比较好。

从一次灵敏素质练习的时间来看，一次灵敏素质的练习时间应控制在 20 分钟左右，一次高强度的灵敏素质的练习时间应控制在 20 分钟以内。

4. 创建安全的训练环境

学生的健康状况是安排专项灵敏素质训练的首要依据。高强度的专项灵敏素质训练存在一定的风险，不适合身体状况较差和有运动伤病的学生参与，有伤病的学生应以运动康复训练为主。在高校网球灵敏素质训练中，要创建安全的训练环境。

5. 遵循区别对待原则

高校网球灵敏素质训练内容要依据学生所处的不同训练阶段的特征来安排，要做到区别对待。

在灵敏素质训练的开始阶段，要重点训练学生的基本步伐、基本移动能力和身体控制能力，从而提升其控制平衡和保持身体重心稳定的能力，并提高学生的快速移动能力，为后面结合球的灵敏素质训练打好坚实的基础。在之后的训练中，要结合高校网球专项特征与要求来安排专门的灵敏素质训练，如当学生的移动技术达到一定水平后，结合网球专项运动场景进行快速反应能力训练。

总之，在高校网球灵敏素质训练中遵循区别对待原则，在不同训练阶段有侧重地安排训练内容与方法，有利于促进学生综合体能素质的逐步提高与不断突破。

6. 结合专项综合训练

灵敏素质训练是提高运动能力的一个重要方面。在发展灵敏素质的过程中，应该注意力量素质、速度素质、柔韧素质是发展灵敏素质的基础，应将灵敏素质的发展与其他素质的发展结合进行。

灵敏素质具有专项化的特点，如一个人在体操、技巧专项训练中能表现出良好的灵敏素质，但是在球类练习中就不一定能表现出来。因此，在进行高校网球灵敏素质训练时，应当因专项要求和高校网球项目特点的不同采用不同的训练手段，使训练效果与专项要求相一致，如高校网球这种球类运动项目可以多做一些脚步移动的躲闪练习。

第七章 高校网球运动心理素质训练

高校网球运动不仅会对身体素质和技巧进行考验,还会对心理素质进行考验。在激烈的比赛中,学生的心理素质往往成为决定胜负的关键因素。加强对高校学生心理素质的训练不仅有助于提升他们的竞技水平,还能培养他们在面对挑战时保持冷静、自信的品质。本章主要围绕高校网球运动心理素质训练的意义与内容以及高校网球运动心理素质训练的相关对策等内容展开研究。

第一节 高校网球运动心理素质训练的意义与内容

高校学生在网球比赛中的成绩提升很大程度上取决于其心理素质水平。心理素质训练在现代网球训练中占据着举足轻重的地位。现代科学研究证实,学生在训练和比赛中,除了需要消耗大量的身体能量外,还需要付出巨大的"心理能量"。只有那些拥有出色心理素质的学生,才能成功应对训练和比赛中的各种挑战,进而取得优异的成绩,尤其在比赛双方身体条件和技术水平相近的情况下,心理素质往往成为决定比赛胜负的关键因素。

一、高校网球运动心理素质训练的意义

心理素质训练是现代网球运动训练的重要组成部分。随着网球技术的发展,网球比赛中的对抗日趋激烈,其胜负往往就在一两分之间决定,而在比赛最为紧张的关键时刻,决定胜败的不仅是运动员的技术水平,还包括其心理素质水平。对于顶尖的网球运动员而言,优秀的心理素质并非一蹴而就的,而是需要经过长时间训练和比赛的打磨。对于网球教师而言,如何巧妙运用心理学知识,帮助学生培养良好的心理素质,已经成为网球训练中不可或缺的重要一环。因此,高校网球运动心理素质训练的意义具体表现在以下几个方面。

（一）有利于学生个性心理特征的形成和发展

个性心理特征涵盖诸多层面。在训练和比赛过程中，面对极度紧张的环境，学生的行为特点主要由他们对比赛和训练的兴趣深浅、动机强弱、性格特点及气质类型等核心因素所决定。心理素质训练可以更好地促进学生个性心理特征的形成和发展。

（二）有利于学生适宜心理状态的形成

在网球运动中，学生的心理状态呈现出高度的动态性，这既符合心理状态发展的普遍规律，也是网球心理素质训练所强调的核心要素。通过有针对性的心理素质训练，可以帮助学生形成与网球运动相适宜的心理状态，这是他们在比赛和训练中保持稳定发挥和高效自我调控的关键。因此，培养学生形成适合训练和比赛的心理状态至关重要。

（三）有利于提高学生心理稳定性

在高等教育阶段，网球专业学生的体型、体重、生理功能等已逐渐接近成年人的标准。大多数学生在高中阶段并未涉足网球运动，此时他们正处于技术强化和简单战术学习的关键阶段，但他们普遍缺乏实际比赛的历练，在训练中常常缺乏心理稳定性。因此，在高校网球教学中，将心理素质训练始终融合在基本技术的教授和实际教学比赛的实践中不仅能够提升学生的观察力和空间判断能力，还能提升他们的思维反应能力以及心理稳定性。

（四）有利于提高学生网球比赛成绩

在网球比赛中，学生的心理状态对其体能、技术和战术的发挥起着至关重要的作用，有时甚至直接决定比赛的胜负。因此，高校网球心理素质训练的重要性不言而喻，它应当与其他基本技术、体能等教学内容并驾齐驱。总之，在高校网球教学中，必须高度重视心理素质训练，应将其作为提升学生综合竞技能力的重要手段。

（五）有利于增强学生适应社会的能力

卓越的心理素质是优秀学生不可或缺的内在特质。他们能以客观理性的态度接受比赛结果，善于洞察、深思并总结比赛中的得失。无论是失利时的坦然面对，还是胜利时的淡定自持，都展现出他们出色的心理调节能力。对于学生而言，网球心理素质训练不仅是一项重要的学习内容，还是一段宝贵的人生经历。通过心理素质训练，他们可以将那种坚韧不拔的意志品质融入日常生活和工作中，使自己在面对挫折时总能保持积极、健康的心态，从而增强他们适应社会的能力。

二、高校网球运动心理素质训练的内容

（一）责任感训练

责任感就是指个体能够自觉地、主动地完成自己分内的事情，并且愿意承担相应的责任。网球学生需要进行一定的责任感训练，这可以让学生具有更强的抗压能力，使其面对艰难困苦不轻易放弃，即使失败也会继续坚持向前走。具有较强责任感的学生通常会为了实现自己的目标而不断克服各种困难。

责任感并非孤立存在，它深植于人的内心世界，与热情、坚持、努力等积极品质紧密相连。这些品质共同构成了责任感的内核，推动着个体在面对任务和挑战时勇往直前，因此，在高校网球运动心理素质训练中，责任感训练占据着不可或缺的地位。通过系统的责任感训练，可以帮助学生更好地理解和践行责任，提升其自我管理和自我约束的能力，从而在网球运动中展现出更高的专业素养。

（二）动机训练

动机作为心理素质训练的核心内容之一，是指学生进行各类活动所依赖的内在驱动力。这种驱动力深深根植于学生的心理活动中，不仅能够促进学生行动，还能确保学生坚持不懈地投入网球运动中。动机是驱动学生追求梦想、实现理想的重要心理力量。动机训练中的动机主要有以下几种分类方式。

1. 按动机来源分类

（1）内部动机

在内部动机的推动下，学生会积极参与网球运动，迎接挑战，进而表现自己的实力，彰显自己的价值，从中获得成就感与满足感。内部动机源自内部力量，由内而外对学生的行为产生驱动力。

（2）外部动机

外部动机源于社会性需求，表现为学生为了避免受到责备、惩罚，或是为了赢得网球运动比赛的荣誉和奖励而努力训练。这种外部动机来自外界力量，它为学生提供了追求卓越表现的驱动力，推动他们在网球场上不断超越自我。

2. 按兴趣分类

（1）直接动机

直接动机基于人的直接兴趣，它注重的是活动过程。例如，有些网球专业学

生本身就非常喜欢自己参与的体育运动，将其看作一项积极的活动，认为自己能够在网球运动过程中获得成就感与满足感，这种动机就是直接动机。

（2）间接动机

间接动机源于人的间接兴趣，即更加关注活动的结果而非过程。有些学生可能并不真正享受比赛的过程，但他们将比赛视为通往胜利的一道障碍，为了跨越障碍、实现目标，他们依然会全力以赴。这种动机便是间接动机，它通常与直接动机相结合，共同影响着学生在网球赛场上的表现。

3.按情感体验分类

（1）丰富性动机

丰富性动机是人们想要获得更加丰富的情感体验而产生的动机。在丰富性动机的驱动下，学生会渴望在网球运动中得到满足，并且期望发现一些新奇战术或者技能等。丰富性动机的张力往往会越来越强。

（2）缺乏性动机

缺乏性动机在网球运动中体现为学生为避免受伤或逃避高风险球技而产生的动力。这种动机主要源自学生对保持健康状态和比赛安全的考量。随着学生技能的提升和比赛过程的推进，缺乏性动机的紧张感会逐渐减弱，因为一旦学生达到了他们的目标，如赢得了比赛或保持了良好的健康状态，这种避免伤害和危险的动机就会自然降低。

（三）情绪训练

人们在面对客观事物时会产生一定的态度体验并由此引发一系列的行为反应，这就是情绪，它的构成因素包括主观体验、外部表现以及生理唤醒。在一般情况下，情绪往往与焦虑、压力等联系在一起。

任何一场体育竞赛，其实质远不止于体力和技术的较量，它更是一场对学生心理素质的考验。学生在比赛场上的情绪状态对其竞技水平的发挥起到决定性的作用。例如，当学生情绪高昂、充满斗志时，他们往往能进入一种理想的竞技状态，在这种状态下，他们可能会发挥超常。高校网球学生在赛场上具备保持"理想竞技状态"的能力至关重要。一旦具有了这种能力，那么即使他身处逆境，也同样有希望获得最终的胜利。不过需要注意的是，每个学生的"理想竞技状态"都是不同的，不能用一种状态去定义所有的学生。高校网球教师的职责就是帮助学生找到属于自己的最佳状态。

（四）自信训练

自信是一种心理特征，它体现了个人对自身能力和成功完成任务的信念程度。它是成功的基石，支撑着个体的前行。一个自信满满的人会全身心地投入他的目标追求中，即使面临困难和挫折，也能坚韧不拔，不被其打败。

在高校网球运动中，自信是学生内心深处对成功的预期，它表现为在特定情境下对自我能力的坚定信念和对胜利的渴望。优秀的网球专业学生都具备坚定的自信，自信能激发学生积极的情绪，有利于精力的集中，使学生克服恐惧。因此在日常训练的过程中，教师要加强对学生的自信训练，既要让学生坚定自己的信念，又要防止学生出现盲目自大的现象。

（五）集中注意力训练

集中注意力训练的目的在于提高学生集中注意力的能力。根据学生的个性、训练水平和在集中注意力能力上存在的差距，网球教师可以有针对性地对学生提出要求。例如，在启蒙和基础训练阶段常要求学生眼睛盯住来球，全部注意力集中在球上；当学生感到疲劳时注意力容易分散，此时可以安排竞赛和游戏环节来激发他们的兴趣，促使他们重新将注意力集中在球上；为了进一步加强集中注意力的训练，特别是在训练的后半段，当部分学生体力开始下降时，可以安排一些要求速度快、精确度高的练习，并通过反复训练来提高他们的注重力。高校网球教师要经常对学生提出有目的性的要求，使学生集中注意力的能力得到逐步提高。

（六）压力训练

网球赛场上充满压力，对高校学生而言，心理素质训练的关键一环便是学会应对这些压力所带来的情绪——焦虑。焦虑是指由于不能克服障碍或不能达成目标，而体验到身体和心理的平衡状态受到威胁，所形成的一种紧张、担忧并带有恐惧的情绪状态。在网球比赛中，焦虑的情绪可能引发学生肌肉紧张、柔韧性降低和疲劳，导致注意力集中程度下降以及自信降低。焦虑的主要来源是害怕失败（事实上是害怕自尊和自我价值受到损害）、感到准备不足以及失去控制感。

因此，压力训练作为网球心理素质训练的重要内容，旨在帮助学生学会有效应对这些焦虑情绪。通过模拟比赛场景、设置挑战任务等方式，让学生在训练中逐渐适应压力环境，提高自我调控能力，从而在正式比赛中能够更好地应对压力，保持稳定的心理状态，发挥出自己的最佳水平。

（七）意志训练

意志是一个心理过程，它涉及人们自觉地设定目标，并根据这些目标来主导和调控自己行为的过程。在这个过程中，人们需要克服各种困难和挑战，以确保最终能够实现所设定的目标。人的意志、认识、情感、行动不是彼此孤立的，而是有着密切联系的。认识为意志确定目标，情感则激励其行动；意志又推动认识，并控制情感。只有通过意志方面的努力，学生的技术水平才能正常发挥。

从生理学的角度来看，培养坚定意志的本质在于优化大脑两半球皮层的兴奋与抑制过程的协调性。对于网球专业学生而言，意志训练应成为日常训练不可或缺的一部分。这一训练的核心目标就在于持续提升学生在面对主观和客观挑战时所展现出的克服困难的能力。[①]

（八）设置目标训练

目标主要包括三种：结果目标、操作目标和过程目标。通常情况下，过程目标是训练指向，操作目标为训练和比赛指向，结果目标为比赛指向（但不是单一的指向）。

第一，结果目标。在网球比赛中，结果目标就是指期望获得的比赛结果。实现这一结果目标不仅需要能力和努力，还要看对手的能力和状态，即部分依赖于他人的表现。

第二，操作目标。操作目标不是战胜对手，而是超越自我获得成功。因此操作目标只是与自己以往的成绩和表现进行比较，是独立于对手或他人的实现目标和操作标准。操作目标的优点是可以在忽略对手的情况下，完全按照自己的操作目标去实现。

第三，过程目标。过程目标就是将学生操作过程中必须从事的行为完成好或操作好。过程目标一般出现在训练课上，如在心理素质训练中学生不停地揣摩自己的发球情况，则在比赛时自己的发球表现自然会提高。过程目标不仅可以优化学生的操作表现，还可以帮助学生减少焦虑和建立自信。

在高校网球运动中，目标的重要性主要体现在以下几点。

①目标有助于学生区分重要事项的先后次序。设置目标可以使网球运动学生明确自己技术中最重要的方面以及最需要改进的方面。

②目标为学生提供方向并使其注意力集中。目标可以帮助学生发现曾经没有

---

① 张蔚. 乒乓球运动员的意志及其训练［J］. 北京体育学院学报，1981（4）：59-65.

引起足够重视的方面，可以使学生将注意力集中在实现该目标的行动路线上。

③目标能提高学生的努力程度。设置目标可以使学生愿意为此付出努力并付诸实践，可以使其在网球运动中保持前进。

④目标可维持动机水平。没有目标的练习是乏味、单调的，并将导致希望和动机的丧失。虽然某些诱因可以诱发动机（如得到奖金），但是目标可以确保动机保持长期的稳定，特别是长期目标可以使学生理解并忍受长期练习带来的疲劳、痛苦和挫折。

⑤目标能促进学习。目标可促进学生寻找实现目标的有效途径，帮助学生解决如何实现目标的问题。

总之，目标在高校网球运动以及网球比赛中起到十分重要的作用。对学生进行设置目标训练能够让他们认识到设置合理目标的重要性，并学会设置合理目标，从而提升他们的网球运动技能水平和比赛成绩。

第二节　高校网球运动心理素质训练的相关对策

一、责任感训练对策

（一）引导学生增强初始责任感

在推动高校网球运动发展的过程中，应着重引导学生增强初始责任感。初始责任感不仅体现在对网球运动的热爱和投入上，还在于对自己行为的自律和对队友、对手的尊重，使他们能够在网球场上展现出更好的竞技状态和道德品质。高校在网球运动心理素质训练过程中，可以采取心理素质教育明确传达责任感的重要性等措施来引导学生增强初始责任感。

（二）引导学生勇于承担相应的责任

责任感意味着勇于直面自己的职责，绝不回避、绝不畏缩。对于学生而言，要想增强这种责任感，可以从以下三个核心环节着手进行。

首先，学生要对自己展开责任感评价，同时还要掌握影响责任感的重要因素。

其次，学生要对这些影响责任感的因素进行分析评价。

最后，学生应梳理总结责任感的影响因素，分析自己的不足之处，并且制订改进策略。

二、动机训练对策

（一）满足学生的各种需求

1. 追求刺激和乐趣的需求

网球运动令人着迷，充满了挑战性，它呼唤着学生全情投入、全力以赴。尽管网球运动的魅力无穷，但训练的过程却并非一帆风顺。如果教师只是机械地、一成不变地设置训练计划，那么这项运动便可能失去其原有的活力与趣味，学生也有可能在这样单调乏味的训练中渐渐消磨掉对网球运动的热爱，进而降低参与这项运动的热情。因此，在高校网球运动训练过程中，要满足学生追求刺激和乐趣的需求，教师就应该做好以下五个方面。

①设置适合学生自身能力的训练内容，合理安排训练难度。

②丰富心理素质训练方法，灵活使用训练手段。

③鼓励更多的人积极参与网球运动。

④在网球运动训练中赋予学生更多的自主权。

⑤因材施教，按照不同学生的个性特点设计不同的训练任务，使每个人都能在网球运动中获得快乐。

2. 获得集体归属感的需求

在高校网球运动中，集体归属感成为每名学生不可或缺的精神支柱。每个人都渴望成为集体的一分子，为团队的荣誉而战，并从中获得同伴的认可，进而实现自我价值。对于高校学生来说，这种归属感是他们参与比赛的主要动机之一，有时甚至会超越单纯追求胜利的渴望。因此，高校教师在网球运动心理素质训练中，可以巧妙利用学生对集体归属感的追求，激发他们坚持训练的决心，在赛场上全力以赴，为团队争取佳绩。

3. 实现自我价值的需求

在高校学生心中，实现自我价值是非常强烈的需求，这种需求必须得到满足。实现自我价值需要学生在运动场上展现自己的能力并得到他人的认可。当然，有些学生对自己有充足的信心，不需要通过他人的评价就能获得自我价值感。因此，为了满足学生实现自我价值的需求，激发学生的内在动力，高校网球教师应积极采取一系列有效措施。例如，为他们创造更多展示个人才能的机会，让他们在实践中不断突破自我；给予他们充分的认可和肯定，让他们感受到自己的进步和成就；引导他们树立自信心，让他们相信自己能够在网球道路上不断前行并取得更好的成绩。

（二）运用强化手段培养动机

培养学生良好的动机可以运用强化手段，强化就是当学生的行为正确时，予以其一定的奖励。合理运用强化手段不仅可以优化学生的外部动机，还可以优化其内部动机，但如果使用的方式不恰当，也会对动机的形成造成破坏。通常情况下，在高校网球运动心理素质训练中，强化手段往往比惩罚手段更为有效，它能鼓励并引导学生朝着正确的方向努力前行。运用强化手段时，需特别关注以下四个关键方面。

①对值得奖励的行为加以明确，清晰地列举出获得奖励的条件以及奖励的发放标准，还要避免过度奖励，否则会让学生产生受控感。

②对于一些良好的、正确的行为表现进行不规律的强化，这样效果更好。

③应鼓励学生之间互相进行正面强化，从而进一步提升强化的效果。

④让学生明白奖励的真正目的。奖励并非最终目标，而是作为一种辅助手段帮助学生更好地实现自己的运动目标。应该引导学生将焦点放在增强内部动机上，让他们从内心深处热爱网球运动，享受网球运动带来的乐趣和成就感。

（三）运用依从、认同和内化三种方法培养动机

1. 依从方法

通过依从方法培养学生的动机，就是用一些外部的奖惩手段来促进动机的产生。这种激发动机的方法比较适用于那些不具备良好习惯的、自律意识薄弱的学生。

2. 认同方法

在高校网球运动中，通过认同方法培养学生的动机，即借助教师与学生之间的和谐关系来激发其内在动力。实际上，认同方法是一种隐蔽的依从方法。它要求教师与学生之间具有深厚的信任基础，使学生对教师产生充分的信任，从而心甘情愿地接受教师的心理素质训练指导。

3. 内化方法

通过内化方法培养学生的动机，就是通过启发学生的信念、引导学生的价值观来促进他们形成运动动机。

上述三种方法都能够有效地培养学生的运动动机，在具体的实施过程中还应该注意以下几点：①随着学生的成长、成熟，内化方法的效用会逐渐增大，该方法也是培养动机最合适的方法；②在学生开始投入训练的初级阶段，使用依从方

法更加适宜；③每个学生产生动机的归因都有所不同，因此培养其运动动机的方法也应该灵活变换；④针对那些对依从方法和内化方法都难以适应的学生，高校网球教师可以主动深入了解他们的个人目标，并根据这些目标量身定制动机培养策略，从而更有效地激发他们的运动热情和积极性。

（四）赋予自主权以激发动机

如果赋予人们掌控自己生活的权力，就能有效增强动机，并且能够极大地增强人们的责任感与自我价值感，这为培养学生的动机提供了另一个思路。通常而言，学生参与的训练任务都是由教师制定的，相关的训练要求与训练计划也是从教师的视角出发制定的。然而，事实上，真正最清楚自己能力的人是学生自己。一旦学生掌握了如何合理、科学地制订训练计划，那么他们所设计出的计划无疑会更加贴近自身实际，更符合个人发展的需要。

因此，教师可以根据实际情况，在一定范围内下放一些权力，交由学生自己掌控，以此增强他们的责任感，提高他们的自主决策能力。这不仅能够有效增强学生的内部动机，还能从整体上提升其网球运动水平。在赋予学生自主权的过程中，需谨记以下内容：第一，并非所有学生都适宜拥有完全的自主权，教师应当结合学生的个体特征与实际能力，审慎地、有选择性地进行权力下放；第二，教师要学会从学生的角度出发想问题，充分考虑学生的感受；第三，权力下放只是开始，并不是结束，教师应该耐心地引导学生合理地使用自己的权力，使其做出正确的决策，当然也不能过分介入，否则权力下放就没有了意义。

（五）调整训练环境、变换训练方法以激发动机

为了有效激发学生的运动动机，可以灵活地调整训练环境或者变换训练方法。这里的环境既涉及具体的物质设施，也涵盖学生的心理氛围。物质环境的转换主要体现在更换训练场地、更新训练设备等方面，心理环境的变换则可以采取重新分组、取消消极评价等方法。同时，合理地、适当地变换训练方法也可以带给学生一些新鲜感，增加训练的乐趣，为学生带来新的刺激，从而有效激发学生的内部动机。

三、情绪控制训练对策

现阶段的高校网球比赛中，激烈的对抗已成为常态。在这种持续紧张的氛围中，学生往往会产生各种情绪，而这些情绪又会直接影响比赛的最终结果。学生产生的情绪及其影响主要体现在以下两个方面。

①兴奋。兴奋对于学生技战术的发挥有着十分积极的作用。

②紧张或焦虑。这种情绪不利于学生正常水平的发挥，甚至会对后续比赛产生更大的影响。

因此，学生的情绪状态对于比赛的胜负有着极其重要的作用，甚至在一定程度上决定了比赛的成败。因此，在比赛中，学生必须保持心理稳定，并有效地调节和控制自己的情绪。学生的兴奋程度与发挥水平之间的关系如图7-1所示。

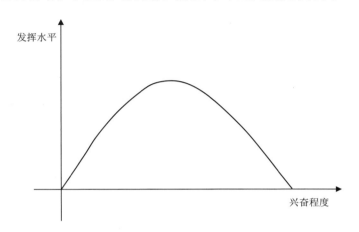

图7-1　兴奋程度与发挥水平之间的关系

事实上，影响兴奋程度与发挥水平之间关系的因素有很多，如人与人之间的差别、对压力的承受能力、感觉压力的方式、自信程度等。尽管图7-1可能简化了兴奋程度与发挥水平之间复杂多变的实际关系，但它确实清晰地指出了一个关键点：当学生处于适度焦虑的状态时，他们往往能够展现出最佳的竞技状态。这里针对学生对几种情绪控制的训练方法进行详细论述，具体如下。

（一）提高兴奋程度的方法

一般情况下，学生主要可以从生理活动和心理调节两方面来提高自身的兴奋程度，具体如下。

1. 生理活动

生理活动涵盖一系列动作，如：在比赛间隙用脚尖进行上下跳动以保持双脚的灵活性；加大技术动作的力度，以提高运动表现。

2. 心理调整

对于心理调整，一方面，学生可以使用"加油"等积极的词语调动情绪；另一方面，学生可以想一些能够提高动力的事或者把当时的局势看作一种挑战，力求全力以赴。

（二）减少焦虑的方法

一般情况下，在训练过程中，学生可以通过以下几种方法来减少焦虑。

①通过收缩与松弛交替进行的方式，帮助肌肉实现一定程度的放松；同时，通过摇动双手、双肩以及颈部，还能塑造出一种充满力量与活力的外在形象。

②用深呼吸的方式，使自己的情绪得到有效缓解。把焦虑大口地"吐"出去，并通过一系列的动作（握拳、仰头看天等）使自己振奋起来。

③放慢节奏，在间隔时间里给予自己更多的休息时间。

④感到将要产生紧张时，学生可以通过微笑让自己显得自信、平静。

另外，通过心理上的调整，也可减少焦虑，具体如下。

第一，承认紧张。要正视紧张情绪，但绝不能被它吓倒，因为它恰恰表明我们已全身心投入比赛并高度重视每一场对决。记住，在紧张情绪出现时，更应该调整打法，增强攻击性，因为比赛的目标始终是胜利，而非避免失败。

第二，使用"放松""没事"等自语进行情绪调节。在两分之间的间隙时间里，一定的放松尤为重要。

第三，可以采用自我指令的方式，将注意力聚焦于自己能够掌控的要素上，如告诉自己"我要发好外角球"或"我要打出完美的上旋球"。这样做是为了将精神力量集中在一个点上，专注于自己能够做得最出色的那件事。

第四，要以争夺每一分都至关重要的心态去打好每一场比赛，特别是面对逆境时，更应展现出积极正面的态度，勇往直前。

四、自信训练对策

简单来说，自信是指一个人对自己能够顺利完成某项任务的坚定信念，这种信念在外在表现上体现为面对问题时所展现出的从容不迫以及多样化的解决策略。自信的学生渴望成功，并对自己的各种运动技术能力充满信心。

在比赛中拥有自信，有助于学生集中意念，可以让他们更加努力，并且自信还会影响击球方式的选择。

在网球学习的过程中，自信的积累来自多个方面，如每次成功击球带来的成就感、教师的鼓励话语以及同学间的相互赞美。在这些因素中，学生对自己的肯定和赞赏起到了至关重要的决定性作用。要培养网球运动方面的自信，一个有效的方法是细心关注自己在每次练习中的进步，无论是击球动作的细微调整还是移动击球准确度的提升，都是增强自信的重要途径。至于具体的训练方法，以下将详细展开。

①使用积极的自语。积极的自语对一名学生在逆境中做出的反应具有直接的影响，并且会影响后来的动作或感觉。

②运用意象或想象。学生可以回忆自己是怎样进行艰苦训练的和怎样做好准备的，力求在场上展示出一种自信的形象。

③增长知识，模仿优秀选手。学生可以把自己的技能和对手的技能进行对比，然后利用更多的训练时间，努力训练自己没有掌握的击球技术，以增强自信。

④确保良好的身体条件，如提高体力和耐力水平，这样身体才能以更自信的方式做出反应。

⑤当发现对手发挥得比较好时，仍然要保持自己的自信，提高自我约束的能力。

⑥为自己确定现实的目标。

五、注意力训练对策

在高校网球运动的每一个环节，集中注意力都是至关重要的。然而，无论是日常训练还是紧张激烈的比赛，学生常常面临着各种干扰，这些干扰可能导致他们的注意力从网球运动转移到其他无关的事物上。这种注意力的分散不仅会影响学生的状态，还可能对比赛结果产生负面影响。因此，对于学生来说，有效地集中并提高注意力是确保其技术能够得到充分发挥的关键前提，具体方法如下。

（一）集中注意力的方法

学生集中注意力的方法主要有以下几种。

①长时间集中注意力会使人产生疲劳，学生应该利用比赛过程中的"死球时间"合理有效地恢复注意力。

②在一场网球比赛中，两分之间的短暂间歇往往成为学生集中精力的最大挑战。此时，学生应善于把握这一时机，在观察比赛局势的同时，适当地进行身心放松。通过调整注意力的集中程度，他们可以利用这种放松状态来避免焦虑情绪的滋生，为接下来的比赛做好更充分的准备。

③力求将注意力集中在对赢得这一分有帮助的事情上（如观察对手的抛球）；练习视力控制，用眼睛注视有关的目标，如球的接缝、拍弦等。

④使用暗语或者自语，如"看！""盯好！""加油！"等。

⑤击球时，需展现出果断与坚定的态度。例如，发球时，一旦明确了发球类

型以及目标落点，就不要再犹豫不决，而应全力以赴，发挥出自己的最佳水平。

⑥使用呼吸调整法帮助集中注意力。

（二）提高注意力的方法

在高校网球运动心理素质训练中，提高学生注意力的方法主要有以下几种。

①对打喊话式。学生根据教师的口令，如"打斜线"等，用不同的方式击打每一个球，并在每一个球弹起时说"弹起"，每一次击球时说"打"。

②多球训练。教师在训练过程中随机为学生递送不同颜色的球，每种颜色都代表一种特定的击球方式。例如，绿色球要求学生打出斜线球，而蓝色球则要求学生打出直线球。根据学生的击球质量，教师还可以灵活调整送球的速度。

③发令法。教师通过特定的口令或方式来引导学生动作，学生需集中注意力获取信号，并根据教师发出的信号做出相应的动作。注意练习持续时间不要过长。

④看表法。学生常常通过观察手表秒针的转动来进行特定的提高注意力训练。通常，他们会连续注视秒针移动约5分钟的时间。这种练习在白天和临睡前各进行一次，以确保训练效果的最大化。每次训练包含三轮练习，且每轮练习之间的间隔应控制在15秒以内。

⑤观众行为模拟。模拟比赛中观众响亮的加油声或突然的动作，有意识地给学生造成压力和干扰，有助于减少学生在实际比赛中的应激反应，提高学生的注意力。

六、压力训练对策

（一）抗压训练

提高学生抗压能力的实质包含两个方面。一是要让学生在压力情境中有"技"可施，只有这样，学生才能产生对赛场情境的控制感，从而达到增强自信、从容应对压力的目的；二是要让学生习惯压力，当压力成为一种平常的刺激时，学生为此而产生的紧张情绪就会减少，对情绪的控制能力则会提高。基于这两个方面的实质，抗压训练主要从以下两个方面开展。

1.通过丰富应对策略来提高抗压能力

在丰富应对策略方面，一些心理学家为我们做了出色的典范，主要的工作可能包括以下几个方面：与学生、教师进行沟通，思考场内外可能出现的各种情况，帮助学生在训练过程中熟悉各种对策，提高应对水平；为学生提供优秀运动员的应对案例，供学生参考。

2. 通过创设压力情境提高抗压能力

压力情境的创设是心理素质训练与网球技术训练的结合，也是抗压能力训练的核心内容之一。从心理学角度出发，主要可以从以下两个方面来创设压力情境。

①在发球练习、截击和高压球等容易受到对手干扰的练习中为学生设置"对手"，形成场上可能存在的来自对手的无形压力，提高练习的逼真性。

②组织模拟比赛，包括模拟观众、模拟突发状况（如停电）等。

（二）减压措施

减压措施主要包括以下几个方面。

1. 从压力源减压

压力源主要包括教师、亲人、观众等。教师要及时与压力来源方沟通，在保证其与学生接触、给予足够社会支持的同时，减少其对学生施加的压力。对教师和亲人这两类重要压力源进行培训，帮助其采用正确方式在比赛期间给予学生鼓励，帮助学生减压。

2. 从压力产生渠道减压

在最后集训阶段和比赛开始后进行必要的外界信息隔离，减少对学生的不必要干扰。建立心理对策库，对压力进行预测，并提供解决方法；对策库印刷后发给学生，当其有问题时随时可以找到应对方式，从而将压力及时化解。

3. 减少压力后负面影响

教师要在压力出现后的一段时间内持续给予学生必要的支持，帮助其彻底消除压力带来的消极影响，减少相同压力再度造成伤害的可能。

七、意志训练对策

意志训练的目的在于提高学生在训练和比赛中克服困难的能力。意志训练的内容主要包括以下几个方面。

（一）克服困难练习

困难在网球运动中分为客观困难和主观困难两大类。客观困难主要涉及风向变化、场地条件以及学生可能遭遇的伤病等问题。为了克服这些客观困难，学生常常采用自我暗示的方法调整心态，同时积极参与不同外界环境下的训练和比赛，以适应各种复杂条件。

主观困难则主要源于学生对训练和比赛的消极态度。这种消极态度可能阻碍学生的进步。为了克服这些主观困难，学生会借助自我暗示和教育的手段调整自己的心态；同时，他们会从榜样的身上汲取力量，学习积极面对挑战的态度。因此，高校网球运动心理素质训练中的意志训练能够帮助学生树立正确的态度，培养学生冷静面对困难的能力，确保学生在关键时刻能够保持专注和稳定。

（二）设置困难练习

设置困难练习是指在高校网球运动心理素质训练的过程中，有意识地在网球运动训练过程中设置困难，培养学生克服困难的良好定势。其中，较高的技战术水平是克服困难的重要保证。

（三）情绪调节练习

学生若想在激烈的赛场上充分展现自身实力，必须拥有出色的自制能力。因此，在日常心理素质训练中，学生应着重培养自己调节和控制情绪的能力，以达到理想的情绪兴奋状态。为了实现这一目标，可以采用多种具体方法：自我鼓励，通过积极的内心对话来提升自信；自我说服，以理智战胜负面情绪，保持冷静；自我命令，设定明确的目标和计划，并坚定执行；自我暗示，利用积极的心理暗示来增强斗志；进行放松训练，学会在紧张的比赛间隙迅速调整心态，恢复平静。这些方法将帮助学生在网球比赛中更好地掌控自己的情绪，发挥出最佳水平。

八、设置目标训练对策

在生活中有明确的目标就如同人生的航船有了灯塔，它指引我们顺利驶向成功的彼岸。同样，在网球学习过程中，学生根据自己的实际情况设置合理可行的目标可以明确网球运动的价值，帮助自己更好地掌握各种运动技能，体验参与网球运动的乐趣和快感。

在高校网球运动中，设置目标首先需要学生对自己的实际能力（包括身体状况、运动能力、身体素质等）进行正确的评价，从而为设置适合个人的具体目标奠定基础。如果不能正确地评价自己的能力，就可能制订过高或过低的目标，从而制约网球运动学习效果的提高。因此，在高校网球运动中，必须根据实际情况，采取有效的策略来设置既符合实际又符合自身条件的目标。设置的目标应包括以下几种。

（一）设置长期目标与短期目标相结合的目标

长期目标与短期目标相结合的理想方法是采用"阶梯形"目标。具体步骤如下：确定所要完成任务的基础水平；确定自己经过努力奋斗所要达到的最终目标；

确定若干个逐步提高水平的短期小目标，从而达成最终目标。每一个小目标的实现都会使学生获得成就感从而产生挑战下一个目标的动机，增加实现长期目标的可能。

（二）设置具体、可测量和可记录的目标

设置的目标应该是具体的、可测量的、可记录的。

（三）设置自我比较目标

在高校网球运动中，学生应该尽量设置能够自我比较的目标，而不要设置与他人比较的目标——以击败他人为重点的目标。自我比较目标易提高成功的可能，这种积极的体验有助于增强自信。若总是与水平远远高于自己的同学相比较来设置目标，不仅难以实现，而且有时甚至会伤害自己的自信；如果与水平低于自己的同学比较来设置目标，则不利于发展自我、挑战自我。

第八章　高校网球训练中常见的运动损伤及其处理与预防

在高校网球训练中，由于运动强度较大，学生不可避免地会发生各种不同程度的运动损伤。这些损伤不仅影响了学生的训练和比赛成绩，还可能会对其身体健康造成长期影响。因此，对于高校网球训练中的学生和教师来说，了解常见的运动损伤及其处理和预防措施是非常重要的。了解这些知识能够有效降低学生遭受损伤的风险，从而提高其在训练和比赛中的表现水平，取得更好的成绩。本章主要围绕高校网球训练中常见的运动损伤、高校网球训练中运动损伤的处理、高校网球训练中运动损伤的预防展开研究。

第一节　高校网球训练中常见的运动损伤

一、运动损伤概述

（一）运动损伤的概念

运动损伤指的是人们在体育运动中所发生的损伤。人们在生活中经常会发生很多的损伤，它们和运动损伤的不同之处在于发生原因不同。发生运动损伤与运动项目、运动强度，以及运动的动作是否规范、方法是否科学有很大的关系。

（二）运动损伤的分类

为了更好地理解运动损伤，可以对运动损伤进行分类，主要有以下分类方法。

1.按损伤出现时间分类

（1）急性损伤

急性损伤主要是指瞬间遭到直接暴力或间接暴力而发生的损伤。任何急性损伤都有明显的受伤原因、受伤机理，同时有不同程度的功能障碍，这种功能障碍可能会影响训练，甚至影响生活。例如，田径运动员比赛过程中出现的腘绳肌拉伤、足球运动员在比赛过程中出现的踝关节扭伤都属于急性损伤。

（2）慢性损伤

慢性损伤主要是指由急性损伤处理不当造成的陈旧性损伤，或者是指局部过度负荷长年积累而造成的劳损，这种损伤在运动损伤中较多见。例如，举重运动员长期超负荷的练习造成的腰背肌劳损、网球运动员的肘关节外侧疼痛、足球运动员的足背隆起等。在某些时候，慢性损伤也会因为运动不当转化为急性损伤。

2. 按损伤轻重分类

（1）轻度损伤

轻度损伤的症状轻，恢复也比较快，经过适当处理后运动员能够迅速重新上场。一般这类损伤既不会影响日常活动，也不会影响运动训练。例如，对抗性项目中大腿肌肉被别人踢伤，经过冷敷立刻可以上场比赛，但需要注意的是由于腿部疼痛，会引发动作模式的代偿，从而造成其他部位发生损伤的风险增大，因此即使是比较轻微的损伤，也应引起关注。

（2）中度损伤

中度损伤的症状较重，经过紧急处理无法继续比赛，在日常活动中虽然各种身体功能不受影响，但是也会伴有疼痛等症状出现，恢复时期较长，若治疗不及时容易引起后遗症或转为慢性损伤。此类损伤发生后，运动员一般不能按训练计划完成训练，需要停止患部练习或减少患部活动。

（3）重度损伤

重度损伤的症状严重，需要医疗介入，运动员完全不能坚持比赛。这类损伤不但影响训练计划的实施，还会影响运动员的日常活动。此外，这类损伤常常伴有较为严重的并发症。

3. 按损伤部位分类

（1）软组织损伤

软组织损伤以急性损伤为主，常见于各种运动项目中。常见的软组织损伤包括肌肉挫伤拉伤、肌腱拉伤断裂等。其中，肌肉拉伤是软组织损伤中最为常见的类型，通常发生在腰部、臀部以及大腿等肌肉丰富的部位；肌腱损伤主要影响小腿和肩部等区域；肌腱骨膜附着处损伤常见于膝部和臀部；腱鞘损伤主要出现在足踝和手腕等位置。软组织损伤治疗不当很容易转为慢性损伤，其主要的病理变化是纤维结缔组织创伤性炎症及变性。其中，发生在腱止装置部位的微细损伤通常被称为"末端病"，是治疗上极具挑战性的运动损伤之一。此外，脂肪组织及滑囊也属于软组织范畴，它们往往因为慢性微细损伤而引发炎症，如膝盖脂肪垫损伤、膝外侧疼痛综合征等。

（2）关节与软骨损伤

关节损伤主要可以划分为两大类，即关节的病理损伤和结构性异常。其中，关节的病理损伤尤为常见，多发生在足踝关节、手腕关节和膝关节等关键部位。结构性异常则包括脱臼等情形，脱臼又可分为外伤性脱臼和习惯性脱臼两类。若关节发生脱臼或韧带损伤后治疗不当，极易导致关节不稳的情况出现。关节不稳在运动员损伤中尤为多发，其诱因复杂多样，治疗难度较大，常常对运动员的训练和成绩造成严重影响。

（3）骨组织损伤

最常见的骨组织损伤是骨折及骨膜损伤。其中，骨膜损伤较多，主要发生在足踝、腰骶等部位；骨折次之，主要发生在手腕、足踝、肘关节等部位。对于骨折的防治，一般采用改变训练方法、减轻局部负担等方式，多可不直接影响训练而自愈。然而，发生在胫骨下 1/3 处的疲劳性骨折一般愈合困难，发生后应该完全停训。

（4）神经损伤

神经损伤包括中枢神经损伤及周围神经损伤。中枢神经损伤以脑组织慢性微细损伤最为常见，如拳击引起的"击醉病"为脑组织软化等所造成的。运动训练或比赛造成的周围神经损伤也比较多见，特别是近年来随着临床诊断技术的提高，可以确诊的病例也越来越多，如乒乓球运动员、游泳运动员的肩过度外展综合征，射击运动员、自行车运动员的尺神经麻痹，以及举重运动员、排球运动员的肩胛上神经损伤等。

（5）内脏损伤

内脏损伤发生的情况较少，但若发生会严重影响运动训练。它多是由运动员身体间相互对抗，或身体与器械的直接撞击而造成的。

二、网球运动中的易伤部位及发生损伤的原因

（一）网球运动中的易伤部位

人们在参与网球运动的过程中，易伤部位与其运动水平有着较为直接的关系：运动水平较低的人上肢容易出现损伤，如肘部、肩部；而运动水平较高的人则下肢容易出现运动损伤。易伤部位的具体分布如表 8-1 所示。

表 8-1　网球运动中易伤部位及概率统计

类别	上肢	躯干	下肢	其他部位
具体分布	肩部（10%） 肘部（12%） 腕部（5%）	背部和腹部 （20%）	脚（12%） 踝关节（8%） 小腿（5%） 膝（15%）	大腿、髋部、头部、 眼睛（13%）
合计	27%	20%	40%	13%

（二）网球运动中发生损伤的原因

在网球运动训练或比赛的过程中，以下因素很容易导致运动损伤的发生。

第一，运动场地和器材不合理。例如，地面太滑，容易发生踝关节扭伤；选择的球拍过重，则容易造成网球肘；鞋若是太紧，脚容易起泡；等等。

第二，运动员自身体质差。网球运动对参与者的体质有一定的要求，若是具备较好的身体素质，则在运动中不容易受伤。

第三，缺乏准备活动，在运动正式开始前没有做好针对易伤部位的热身准备和全身热身活动。

第四，技术动作缺乏合理性。

第五，运动员没有考虑自身身体极限，力求每个击球都达到完美状态，超过身体极限的时候难免就会受伤，再优秀的运动员也是如此。他们在赛场上挑战身体极限去救球而发生损伤的情况也是较为常见的。

三、高校网球训练中的常见运动损伤类型

（一）擦伤

皮肤擦伤及摩擦性水疱在网球运动中很常见，学生在进行网球训练的过程中，其握拍手往往会发生这一运动损伤。握拍手易发生擦伤的原因如下：一方面，由于球拍的握柄较粗、较硬、较滑、无弹性、不吸汗，握拍过程中当皮肤受到反复、快速的交替性剪切力时，摩擦性水疱很容易产生；另一方面，学生动作不正确、活动时间较长、击球时球拍未握紧或太松、击球时经常打不到球使拍柄转动增加与手掌的摩擦，这些都可引起握拍手的拇指关节内侧、掌际与拍柄后部接触的部位和食指处出现红肿、水疱甚至表皮的脱落。水疱产生时，角质上皮层以下的表皮发生坏死，组织间隙的液体逐渐填充到随之形成的空腔中。摩擦性水疱所在部位会有紧绷感和疼痛感，继发感染可能导致进一步功能障碍。

（二）挫伤

挫伤主要是在训练中受钝性外力所导致的损伤。在高校网球运动中，学生的各种跑、跳、急停等动作都有可能导致该损伤的发生。在高校网球运动中，发生挫伤的部位主要有股四头肌、小腿前部的骨膜和后部的小腿三头肌、腓肠肌等。对于网球初学者而言，这一类损伤极容易发生。

轻度挫伤可能导致局部疼痛、压痛、肿胀、功能障碍；重度挫伤则可能导致皮下出血形成血肿或瘀斑，疼痛和功能障碍明显。挫伤的病理变化与肌肉拉伤有所不同，在挫伤中，早期组织变化为血肿形成与炎症反应，然后由致密结缔组织的瘢痕取代血肿，甚至可出现异位骨化。

（三）拉伤

受各种外力的影响，学生在参加高校网球训练时有可能会发生拉伤的现象，主要原因在于学生的肌肉过度主动收缩或者被动拉长。对于初学网球运动的学生而言，此类运动损伤较为常见。

肌肉拉伤的病理变化主要是炎症反应、水肿，有时可出血，主要表现如下：伤处疼痛、压痛、肿胀、肌肉紧张或痉挛，触之发硬；受伤肌肉主动或被动拉伸时，疼痛加重；皮下瘀血、运动功能障碍、肌肉出现收缩畸形；肌纤维部分断裂时，伤处可摸到凹陷；肌腹中间完全断裂时，出现双驼峰畸形；一端完全断裂时，肌肉收缩呈球状畸形。

（四）网球肘

网球肘又称肱骨外上髁炎是骨科的一种常见疾病。网球肘的本质是肱骨外上髁部伸肌总腱的慢性损伤性肌筋膜炎。网球肘多数情况下是由于小的损伤积累而逐渐出现的，也有由一次性损伤所导致的。症状是肘部痛，从而转化为整个手臂疼。

网球肘的临床特点是，活动时做某一动作时肘部外侧自觉疼痛，多数没有明显的外伤史，症状逐渐加重，疼痛变为持续性，甚至夜间肘部疼痛而影响睡眠，也可能出现手臂无力。

（五）肩袖损伤

肩袖损伤也是高校网球训练中较为常见的一种运动损伤。当发生这一损伤时，患者的肩外展时会感到些许疼痛，更严重者上臂、颈部还会受到一定的牵连，出现疼痛现象。学生在大力发球或者大力回球时，若是击球动作不标准或者准备击球时间不足就有可能导致肩袖损伤现象的发生。

一般而言，肩袖损伤可以分为两种，即急性肩袖损伤和慢性肩袖损伤。当发生急性肩袖损伤时，患者的三角肌会产生一定的疼痛感，有时还会发生痉挛现象；当出现慢性肩袖损伤时，患者的三角肌会出现萎缩乏力的情况。总而言之，当发生该运动损伤时，患者的肩关节活动会受到一定的限制，不可以再继续参加训练活动。

（六）关节脱位

学生在参加高校网球训练或比赛时，若是身体状况欠佳，准备活动又不充分，在大力击球时则有可能会出现关节脱位的现象。在出现关节脱位现象时，一定要及时地对患者受伤部位进行复位，若是拖延下去就会增加复位的难度。

当发生关节脱位后，患者的受伤部位会有一定的疼痛感和肿胀感，关节不可以参加任何形式的活动，关节内还有可能出现血肿。

（七）韧带损伤

韧带损伤在各种运动项目中都是较为常见的。在高校网球运动中，跑动是非常多的，不仅如此，还需要学生做出各种急停变换等动作，这就更容易导致人体膝关节软骨和韧带部位出现损伤。韧带损伤主要分为以下几种类型。

1. 一般韧带损伤

症状较轻者，损伤部位往往会出现一定的水肿，有时皮下会伴有瘀血现象；而症状较重者则会出现韧带撕裂的现象，这一种情况十分严重，短时间内运动员不可以参加任何体育活动。严重韧带损伤通常发生在足球等高强度的运动中，高校网球运动中发生韧带撕裂的情况不多。

2. 膝关节韧带损伤

网球运动对学生的体能及膝关节承受负荷的能力提出了较高的要求。某些时候，学生在准备动作不及时、不到位的情况下做扭身击球的动作时，膝关节会受到一定的扭转力从而造成膝关节韧带损伤。这一运动性损伤在高校网球运动中较为常见。

学生在参加高校网球训练时，若是准备活动不充分或者击球动作不合理，则容易导致膝关节韧带损伤。该损伤表现为膝内侧短暂剧痛，韧带受伤部位有较为明显的压痛点，常伴有半腱肌、半膜肌痉挛。

3. 膝内侧副韧带损伤

学生参加高校网球训练，受场地条件不佳、准备活动不足、自我保护能力缺乏等因素的影响就可能会导致膝内侧副韧带损伤现象的发生，出现这一症状时，患者的膝关节会出现内翻，从而引起膝内侧副韧带损伤。

患者在发生这一运动损伤后通常会出现痉挛性疼痛。按压膝内侧会出现压痛感，往往还伴有皮下瘀血、小腿外展等现象。若是发现有关节内积血则说明还可能发生了半月板撕裂现象，这种情况需要及时就医。

（八）髌骨劳损

高校网球运动属于运动量和运动强度都比较大的运动项目，在比赛中学生的跑动较多，因此就难免出现髌骨劳损现象，这是一种较为常见的膝关节损伤。发生这种损伤的主要原因就是膝关节受到长时间的压迫，使髌骨的团鼓面被磨损。除此之外，股四头肌力量较弱、违反运动训练原则也是产生髌骨劳损的重要原因。

学生在运动量较大或在身体条件欠佳的状态下参加高校网球训练就很容易发生髌骨劳损。发生这一运动损伤后，患者的膝盖会感到一定的疼痛，行走无力，有时甚至会难以忍受，但是随着大运动量训练的结束，这种疼痛感会逐渐好转直至消失。

发生一般膝痛时，学生只需要稍作休息即可，有时继续参加训练症状又会出现反复，从而变重，但在充分休息后又会减轻，这都是正常现象。一般而言，学生膝痛的发生与技术动作有着一定的关系，如学生在做半蹲动作时会感到腿软无力，甚至有时还会摔倒。

若是发生较严重的髌骨劳损，无论患者是在走路，还是在休息，膝关节都会有疼痛感，股四头肌会出现程度较轻的萎缩状况。髌骨劳损严重者切不可大意，应当及时去医院进行诊治，以免病情进一步加重。

（九）膝关节半月板撕裂

膝关节损伤是一种在高校网球运动中常见的损伤，原因非常复杂。可能是由膝关节韧带紧张过度、先天膝关节脆弱等造成的，也可能是在训练中快速变向以及脚着地时地面对膝关节所造成的冲击力造成的。症状是紧张、剧烈运动或负荷过重时疼痛，并伴有水肿。高校网球训练中最常见的膝关节损伤之一就是膝关节半月板撕裂。

半月板位于膝关节外侧和内侧，大腿骨（股骨）和小腿骨（胫骨）之间。在网球运动中，半月板起到支持、保护和缓冲的作用，但某些动作可能会挤压半月板，一旦超出其承受极限，就有可能发生半月板撕裂。

通常情况下，膝关节半月板撕裂需要有前提条件，即股骨和胫骨间的挤压和旋转。在网球比赛中，如果学生的身体旋转去接球，而双足仍然固定在原地，此时就非常容易发生膝关节半月板撕裂。

膝关节半月板撕裂的症状通常包括严重的局部疼痛、肿胀和活动受限，同时还会出现"打软腿"、弹响、绞锁等症状。

（十）骨折

骨折主要是指在高校网球运动过程中，学生受各种外力撞击而导致的损伤。对于高校网球初学者而言，准备活动不充分、场地较滑等也有可能导致骨折，虽然这一情况是不常见的，但也应当引起注意。

根据骨折与外界相通的情况和损伤的情况，骨折可分为以下三类。一是闭合性骨折。这种骨折其断端没有破皮肤，与外界不相通。二是开放性骨折。这种骨折是因为发生骨折的一端将皮肤穿破，骨髓直接暴露在外界环境中，很容易出现感染，导致骨髓炎等症状的出现，严重时甚至会导致败血症。三是复杂性骨折。这种骨折是因为对神经、血管、肺等重要的组织和器官造成了损害，出现了一些危及生命的症状。

骨折的症状主要有疼痛、肢体畸形、骨摩擦音以及肿胀、压痛等。在骨折中，髌骨骨折是较为严重的一种情况。

（十一）腱鞘炎

学生如果参加长时间大运动量的网球训练，就很容易患腱鞘炎。这可以说是一种不适应性炎症反应，在大部分的运动项目中都是较为常见的。

腱鞘比较坚韧，其功能主要是将肌腱约束在骨面的一定位置上，防止人体的长肌腱在越过活动度较大的关节屈伸面时弹出和向侧方滑移。腱鞘外层为纤维鞘，两端附着于骨；内层为滑膜，能减小肌腱与腱鞘间的摩擦力，但肌腱与腱鞘间长期反复或强力的摩擦会使两者均发生损伤而出现水肿。腱鞘炎、肌腱炎发生时，腱鞘和肌腱所在的鞘管内容物相对增多，变得相对狭窄，压迫其中的肌腱出现疼痛等各种症状。

（十二）扭脚

网球场上最常见的一种损伤就是扭脚。在高校网球运动中，前后左右跑动以及快速起动和急停十分频繁，极易扭脚。

有些比较严重的扭脚当时就可以听到较响的韧带撕裂声，之后踝关节内开始充血、肿胀，并且脚跟疼痛剧烈。在跟关节韧带损伤处，有明显的压迫痛。

网球场上扭脚的主要原因如下：打球跑动时起动和急停动作过于短促、用力；在身体出现疲劳的情况下，仍然在球场上强迫激烈打球；准备活动不充分，踝关节的韧带未得到充分伸展就迅速进入激烈的运动状态；思想麻痹大意，常做一些无谓、盲目、多余的危险动作，如跳过球网等；对打球的环境不适应，如球场太硬、太涩，或者不平整，还有球鞋不合适等；打球的运动量过大，脚跟的紧张时间过长。

（十三）出血

出血也是高校网球训练中较为常见的一种运动损伤，一般可分为外出血和内出血两种。

外出血主要表现为血液从皮肤创口处向体外流出，是较为常见的一种运动损伤。外出血按受伤血管不同，可分为动脉出血、静脉出血和毛细血管出血三类，一般所见的出血多为混合型出血。

内出血主要表现为血液从损伤的血管内流出后向皮下组织、肌肉、体腔（包括颅腔、胸腔、腹腔和关节腔）及胃肠和呼吸器官注入。内出血也分为三种，即组织内出血、体腔出血和管腔出血。组织内出血有皮下组织出血、肌肉出血等。体腔出血有胸腔出血、颅内出血。管腔出血主要指胃肠道出血。内出血因其初期不易被察觉而容易被忽视，故较外出血性质严重。

第二节　高校网球训练中运动损伤的处理

一、擦伤处理

第一，当学生在网球训练中发生轻微擦伤时，用生理盐水、红药水等药品涂抹在损伤部位即可，7天左右就可以痊愈。

第二，当出现较大面积的擦伤时，应当对伤口进行消毒。首先，要用生理盐水和棉球擦洗受伤部位，清除皮肤表层的各种杂物；其次，撒上纯三七粉或涂抹其他药膏并进行适当的包扎。当出现较大面积的擦伤时，学生短时间内不应当再参加网球训练。

第三，当关节部位擦伤时，在局部冲洗消毒后，需要用凡士林油纱布覆盖伤口或局部涂擦消炎软膏，用敷料包扎，以避免裂口。若是创面中嵌入砂粒、炭渣、碎石等，应先用 1% 普鲁卡因局部麻醉，同时使用消毒毛刷轻轻刷洗，清除异物，再行处理。

在进行伤口包扎时应注意以下几点：要使伤员处于舒适体位，包扎过程中尽可能不要改变伤员的位置；包扎动作要柔和，不应当触碰伤口，以免加重损伤、加剧疼痛；包扎的松紧度需要适中，过紧会妨碍血液循环，过松则起不到包扎的作用；绷带应当从伤部远端开始缠绕，包扎结束时可使用胶布或打结固定，打结时不要把结打在伤口处。

二、挫伤处理

参加高校网球训练的学生在发生挫伤后，必须采取正确的处理方法，否则就可能造成损伤加剧，这不利于身体的恢复。

轻度挫伤不需要特殊处理，经冷敷处理 24 小时后可用活血化瘀酊剂，轻手法理疗 [1]。较严重的挫伤需经冷敷处理后外敷新伤药，加压包扎、抬高患肢，同时服用镇静止痛药。挫伤早期一般禁忌按摩疗法，因为按摩可能会造成更多的内部组织出血。在无疼痛的状态下，应鼓励学生进行活动，以促进挫伤的肌肉组织愈合。

三、拉伤处理

当学生肌肉拉伤时，要尽可能地在第一时间进行冷敷，用冷水冲或者冰袋冷敷，不能热敷，也不能揉搓。对于部分肌纤维断裂，早期可采取冷敷、加压包扎以及外敷伤药等方法进行处理。

四、网球肘处理

对于学生出现的网球肘现象，常见处理措施是停止运动、按摩、固定肘关节，以及进行必要的休息。具体处理方式有以下几种。

第一，网球肘出现早期，可在活动时减量或休息，待不痛后再活动，也可用外用药擦拭（药物使用之前先用温热水浸泡肘关节几分钟，再将 2 ~ 3 毫升药物涂到患处，用手指稍加用力擦拭效果更好）。

第二，可采用按摩治疗、封闭疗法等。

---

[1] 李广周，黄健. 体育教学中常见运动损伤的现场处理 [J]. 重庆三峡学院学报，2001（增刊 1）：192-193.

第三，活动时带护肘或用弹力绷带缠绕前臂。

第四，手术治疗。对于久治不愈而严重影响生活者，可进行关节镜下手术或切开手术。

五、肩袖损伤处理

肩袖损伤是一种比较常见的损伤，处理这一损伤的方法也相对较多，一般而言，可以采用以下几种方法进行处理。

①损伤固定。学生在网球训练中如果发生肩袖损伤，肩臂会感到一定的疼痛，这时应当减少上臂活动或不参加任何活动，以避免病情加重。对于症状较重者，应当立即停止运动，送往医院进行诊治。可以采用三角巾悬吊伤肢于胸前的方式进行固定处理，大约一周即可恢复。

②推拿按摩。一般来说，处理肩袖损伤可以采用揉捏等按摩的方法。负责处理的人要用双手揉捏患者的肩背部肌肉以及肩关节前后侧，开始时可以使用较大的力度，然后再慢慢减轻，以患者感到舒适为宜；在患者症状逐渐好转后，慢慢加大按摩的力度，要注意手法的准确性。这些按摩手法的运用，可以起到帮助患者疏通经络、活血止痛的作用。一般情况下，按摩可以每日或隔日进行。

六、关节脱位处理

当学生发生关节脱位时，应当及时采取正确的处理方法，否则就有可能导致更严重的损伤。

第一，对于症状较轻者，可用绷带和夹板对患者的伤肢进行固定，进行简单处理后及时送往医院救治。

第二，出现肩关节脱位时，可使用三角巾对患者伤肢进行有效固定，一端悬挂于前臂，另一端绕过伤肢上臂，在肩侧腋下打结。这样不仅便于患者的走动，而且能够避免患者因走动而伤害到伤肢。

第三，肘关节脱位时，需要将铁丝夹板弯成合适的角度置于肘后，用绷带缠稳，再用小悬臂带挂起前臂，也可以直接用大悬臂带进行包扎固定。固定伤肢后及时进行复位处理。若是复位不及时，血肿会机化而导致关节粘连，增加关节复位的难度。

另外，需要重点强调的是，若是不具备良好的修复技术，学生在发生关节脱位损伤时，不可以轻易地做关节复位手术，否则有可能加重伤情。

七、韧带损伤处理

（一）一般韧带损伤处理

在发生韧带损伤之后，学生及其他相关人员都不要惊慌，可在条件允许的情况下，对患者施以冷敷、包扎、止痛等手段，使其症状得到缓解。受伤 24 小时后根据患者的恢复情况采取各种理疗、康复训练等手段以促使患者身体得到有效恢复。

（二）膝关节韧带损伤处理

发生膝关节韧带损伤后，应先用绷带做加压包扎，之后继续用冰袋进行冷敷。患者若是没有感到疼痛可以坚持参加比赛。韧带完全断裂者需要及时送往医院进行诊治。

（三）膝内侧副韧带损伤处理

膝内侧副韧带损伤发生后，在现场就应当进行冷敷、加压包扎、止痛等处理以避免并发症。伤后 24 小时左右可视伤情采取相应的处理手段，如中药外敷或内服、按摩、理疗、康复训练等，旨在促进淋巴和血液循环，加速渗出液和积血的吸收。膝内侧副韧带不完全断裂的早期治疗主要是为了防止创伤部继续出血，并进行适当固定。膝内侧副韧带完全断裂最好的处理方式就是进行手术缝合。

八、髌骨劳损处理

在学生发生髌骨劳损以后，可以采用推拿按摩的手法进行处理。

学生坐或仰卧于床上，膝微屈，负责处理的人员可以用双手拇指重叠，由下向上推按髌骨下缘及整个髌骨周围，再使用拇指指肚按摩髌骨周缘的痛点，反复按摩以缓解疼痛。

九、膝关节半月板撕裂处理

范围很小的膝关节半月板撕裂有可能自行愈合，不过需要很长的时间（约 6 周）。在此期间应该尽可能休息，使用拐杖，避免患肢负重。涉及较大范围的膝关节半月板撕裂则需要手术治疗。根据撕裂的不同部位、形态和程度，可以进行半月板缝合或者半月板部分切除。

无论是保守治疗还是手术治疗，后期都需要物理康复师的参与以恢复患者膝关节的活动范围和肌肉力量。

十、骨折处理

对骨折伤员的急救原则是防止休克、保护伤口、固定断骨。具体如下：在发生骨折时，要密切观察，如有休克，首先应抗休克，如给予较强的止痛药物或针刺人中等；如果有伤口出血，应先止血，用消毒巾或纱布包扎好伤口，最后再固定断骨，外露的骨端或骨片不要放回伤口内，以免造成深部组织（包括骨髓）感染。

对各种骨折进行初步急救时，正确使用夹板甚为重要，要根据骨折的种类、部位选择夹板和捆扎方法。用夹板固定和捆扎好后，应检查是否牢固：如伤部周围色泽青紫，说明捆扎过紧，必须适当放松；如骨折处仍可活动，说明过松，搬运时容易加重伤情，应适当加紧。对骨折伤员应尽快送到医院进行准确的诊治。在搬运过程中要把伤员放到硬板或担架上，尽量做到平稳移动，以免造成新伤或加重伤情。

十一、腱鞘炎处理

对于学生而言，在腱鞘炎发病早期应注意患肢休息、局部制动、理疗，直到症状完全消失。常规物理治疗无效时，可进行局部封闭，以减轻局部炎症反应。对于病情严重、疼痛剧烈而对生活产生深刻影响的状况，一般可进行腱鞘松懈术，或切除部分腱鞘等手术治疗。

十二、扭脚处理

学生在高校网球训练中发生扭脚时，首先要控制关节内充血，并立即冷敷。如果特别严重，应及时送到医院就诊。对于一般的扭伤，24 小时内应禁止扭伤部位活动。扭伤处要迅速冷敷，防止关节内继续出血、肿大，并减轻痛苦。若使用冰块冷敷，则应用毛巾包住冰块，不要直接将冰块放在脚踝上，防止冻伤皮肤。若在水龙头下用冷水冲洗伤处，则应保持踝关节的适当高度。还有一种有效的消肿方法：在伤情稳定以后，取一盆较热的水和一盆凉水，分别把受伤的踝关节浸泡在热水里 15 秒，然后迅速移至凉水中浸泡 5 秒，再反复更换，利用温度的变化促进踝关节的血液循环，使肿胀最快、最有效地得到消除。脚踝扭伤之后，在没有彻底痊愈之前，需要经常裹上护踝或弹力绷带来保护踝关节。

十三、出血处理

在高校网球训练中，如果学生出现内出血，无论轻重，都需要紧急送往医院处理。如果是外出血，则可以通过按压的方式急救暂时止血，这主要适用于动脉出血。施术时，用手指重按出血点近心端的动脉使出血停止。

常见出血部位的指压法如下。①头顶部出血指压法：用拇指寻准伤侧耳前的下颌关节上方颞浅动脉进行按压。②面部出血指压法：用拇指或其他指端在伤侧下颌角处寻准面动脉进行按压。③头颈部出血的指压法：用拇指在伤侧胸锁乳突肌中点前缘，寻准颈总动脉并向后压于第5颈椎横突上，但不得同时压迫两侧颈动脉。④肩部出血指压法：于伤侧的锁骨上凹，将锁骨下动脉向下压于第一肋骨上。⑤前臂部出血指压法：用拇指在上臂内侧中点即肱二头肌内侧沟寻准肱动脉，并压于肱骨上。⑥手掌部出血指压法：用双手拇指分别压迫在伤肢腕部的两侧寻准尺、桡动脉，并按于尺、桡骨上。⑦手指部出血指压法：将拇指与食指分别紧捏于伤指两侧的近心端的动脉。⑧下肢部出血指压法：在伤肢的腹股沟中点稍下方寻准股动脉，并用拇指重压在股动脉上。⑨足背部出血指压法：用双手拇指在伤足的背部和足内踝后部寻准足背动脉及胫后动脉，进行按压止血。⑩足趾端出血的指压法：将拇指与食指分别紧捏于伤趾两侧近心端的动脉。

此外，还可以采用布条止血带止血法，即将三角巾折成带状或使用其他布带绕伤处一圈，打个蝴蝶结；取一根小棒穿在布带圈内，提起小棒拉紧，将小棒依顺时针方向绞紧，将绞棒一端插入蝴蝶结环，最后拉紧活结并与另一头打结固定。

第三节　高校网球训练中运动损伤的预防

一、高校网球训练中运动损伤的预防原则

减少高校网球训练中发生运动损伤的关键是遵循运动损伤的预防原则，针对高校网球项目特点而充分了解其易发损伤的预防方法。这就要求教师、校医及学生必须掌握相应的预防知识，并且在高校网球训练中遵循下列原则。

（一）加强全面训练，提高机体对运动的适应能力

在高校网球训练中要注意针对容易损伤部位及相对薄弱部位的训练，这是预防运动损伤的一种积极手段[①]。一般而言，高校网球训练主要是加强肌肉力量的训练、加强对身体控制能力的训练，机体的控制和协调能力差常常会造成损伤。例如，进行网球训练的学生群体中常见的腰背痛、腰肌劳损，常常是由背伸肌与

---

① 燕纪元，徐淑敏. 大学生运动损伤成因及预防措施的探究［J］. 山西师大体育学院学报，1999（3）：88-90.

腹肌的肌力比例失衡造成的。因此，有人提出为防止腰部肌肉损伤的发生，结合学生的呼吸模式进行腹肌控制训练是非常必要的。

（二）科学合理地安排运动量是预防运动损伤的有效方法

盲目追求大运动量的训练必然导致运动损伤的发生。科学训练具有五大特点：全面性、渐进性、个体性、反复性、意识性。全面性是指训练要全面系统；渐进性是指训练负荷要逐步加大；个体性是指训练必须因人而异，性别、年龄、体力、技术熟练程度不同，训练量和训练内容、训练方法亦应不同；反复性是指学生通过反复训练，可建立起相应的条件反射；意识性是指教师、学生必须意识到不同的运动项目可能会带来哪些不同的运动损伤，做到心中有数，事先加以防范。

（三）充分做好准备活动和放松活动

在进行高校网球训练之前，先进行热身准备活动是非常重要且必要的。通过热身准备活动，可以将机体基础体温提高，加快体内的血液循环，提高肌肉的应激能力，并增强身体各个关节的柔韧性。此外，还能够通过准备活动将心理状态调至最佳，并缓解紧张感。

所谓放松活动是指在进行剧烈运动之后进行的一种整理活动。通过放松活动，机体的心率、体温、肌肉应激性、呼吸等都逐步恢复到安静时的状态，这样便可以有效地缓解和避免在进行网球运动之后机体出现的不同程度的肌肉酸痛，甚至是肌肉损伤的情况。同时，放松活动还有助于减轻精神压力。

（四）加强训练中的保护与帮助

训练中的保护或帮助方法不当或者缺乏常会引起运动损伤。在高校网球训练中，适当的保护与帮助可增强学生的自信，避免一些意外事故的发生。此外，学生也应学会各种自我保护的方法。例如，在落地时必须双腿屈膝并拢，使双腿相互保护，以免扭伤膝关节和踝关节；当重心不稳快要摔倒时进行翻滚，以缓冲与地面的直接撞击，切忌直臂撑地等。

此外，学生还必须学会正确使用各种保护支具，保护支具的选择可根据网球运动项目容易受伤的部位进行。另外，这些保护支具也可用于症状不严重的轻度损伤。

二、学生预防网球运动损伤的练习方法

伸展训练有助于预防高校网球训练中的常见损伤，同时还要配合必要的力量

素质训练与灵敏素质训练，力量素质训练可隔天进行一次，灵敏素质训练则每天都要进行。学生长期坚持这些训练能够有效预防运动损伤，提升网球技能水平。关于力量素质、灵敏素质的训练，在第六章已经列出了具体的方法，下面将简单补充一些对预防运动损伤具有重要意义的练习方法。

（一）摇板站立平衡练习

1. 练习方法

①在摇板上双脚开立，挺胸收腹。

②尽力保持平衡。

③坚持 1 分钟左右，进行重复练习。

2. 练习的重要性

这一练习方法有助于对下肢肌肉运动知觉进行有效开发，促进平衡能力和身体知觉能力的强化。在高校网球运动中，因为要在相对不稳定的环境中击球，所以身体的平衡能力十分重要。学生身体知觉能力越强，就容易发挥力量击出好球，提高球速，同时也对预防运动损伤尤其是下肢运动损伤十分有益。

（二）小腿伸展练习

1. 练习方法

①双手扶在墙上，保持重心稳定，挺胸抬头。

②右腿向后充分伸展，脚跟着地。

③保持 30 秒。

④换左腿继续练习。

2. 练习的重要性

在高校网球训练中，小腿若感到疼痛或有其他不适感，大部分情况是由小腿缺乏适当运动造成的。小腿缺乏运动会对学生技术水平的发挥产生很大的影响，因为网球运动过程是自下而上传输力量的，而在整个传输过程中，小腿腓肠肌、比目鱼肌两大肌群属于第一站，小腿缺乏活动，就会极大地影响击球力量。

（三）脚后跟行走练习

1. 练习方法

①双脚开立，距离与肩宽相同。

②左脚脚跟向前一步迈出，脚趾抬起绷直。

③右脚做出同样的动作，进行重复练习。

2. 练习的重要性

该练习有助于促进脚踝周围肌群力量进一步增强，使胫前肌得到强化，从而预防出现胫骨痛和其他相关疼痛症状。脚踝力量较弱和胫骨容易疼痛的学生更应重视这个练习。

（四）侧脚踝行走练习

1. 练习方法

①双脚左右开立，身体力量向下转移，用脚掌维持身体稳定与平衡。

②左脚和右脚各自向前迈出一步。

③两脚交替，都向前迈出五步。

2. 练习的重要性

在高校网球运动中，经常要快速变换方位，而且踝关节承受的力非常大，这是学生踝关节容易受伤的重要原因之一。侧脚踝行走练习能够促进脚踝部位肌群力量的增强，使脚踝组织结构得到进一步强化，从而有效预防踝关节受伤。高校网球训练中，踝关节翻到脚外面或侧面就会造成内翻脚踝扭伤，这是高校网球运动中踝关节损伤中一种较为常见的情况，也是距腓后韧带损伤的主要原因之一。因此，学生在网球训练过程中需要注意对脚踝练习的强化，以有效降低踝关节受伤的风险。

（五）半跪姿髋屈肌伸展练习

1. 练习方法

①右弓步准备姿势（左膝跪在垫子上，右腿屈膝，大小腿垂直，右脚向前迈出一步），两臂伸直向上举过头顶，十指交叉在一起。

②将左髋慢慢向前推动，以使左髋屈肌得到充分伸展。

③维持 30 秒左右。

④换另一侧继续进行练习。

2. 练习的重要性

在打网球时，通常会采取较低的身体姿势，并且多数时间处于跑动状态。虽然这种低姿势有助于提升跑动速度和更有效地转移力量，但它也可能带来一些负面影响。长时间保持低姿势会使髋屈肌处于收缩状态，从而限制该部位的活动范围，这增加了发生运动损伤的风险，并可能对技能的正常发挥造成一定的限制。然而，通过特定的练习，可以帮助学生保持或增加髋屈肌的长度。这样的练习不仅有助于降低髋或腹部受伤的可能性，还能促进其运动技能的正常发挥。

（六）仰卧腘绳肌伸展练习

1. 练习方法

①保持仰卧姿势，伸直腿，绷脚尖，右脚上搭上弹力带。

②双手抓住弹力带两端向身体方向拉，从而将右腿抬起，膝盖不可以弯曲。

③右腿抬到最高点时维持 30 秒左右。

④还原，换另一侧腿继续进行练习。

2. 练习的重要性

在高校网球运动中，当需要变换方位时，腘绳肌对于减速起到了关键的作用。然而，在练习过程中，腘绳肌群往往容易变得紧绷，这种状态如果不加以注意和缓解，可能会导致下背部出现损伤。因此，进行此类练习不仅有助于提高腘绳肌的灵敏性，还能有效预防下背部疼痛的发生。

（七）仰卧抱膝伸展练习

1. 练习方法

①在垫子上保持仰卧姿势，肩放松。双腿伸直，绷脚尖。

②双手握住右膝下方，右腿屈膝向胸部方向移动。

③维持 30 秒左右。

④还原，换左腿继续练习。

2. 练习的重要性

学生在高校网球训练中，下背部极易受伤，其中一个重要原因是下背部灵活性较差。这一练习有助于提高下背部的灵敏性，使下背部受伤的概率明显降低。因此，学生应当特别注意背部和核心部位肌群的练习。

（八）网球按摩练习

1. 练习方法

①坐在椅子上，一只脚踩网球。

②踩网球的脚慢慢前后移动，以顺时针或逆时针画圆的方式进行脚底按摩，直到产生疼痛感后停止。

③换另一只脚踩网球继续做按摩练习。

2. 练习的重要性

这是一种放松足底的康复练习方法。在高校网球运动中，不断变换方位或两脚与地面频繁摩擦容易使脚产生严重的紧绷感，该练习可以有效缓解足部紧绷感，同时也能使足底筋膜炎症状得以减轻。

（九）4 字形伸展练习

1. 练习方法

①仰卧姿势，右侧踝骨置于左侧股四头肌处，需要比左膝稍微高一点。

②右手置于两腿之间，左手将左腿环抱。

③双手将左腿向后拉，使腘绳肌得到充分伸展。

④维持 30 秒左右。

⑤还原，换另一侧腿继续进行练习。

2. 练习的重要性

4 字形伸展练习可以强化髋部活动的灵敏性，使脚蹬地的力量穿过身体中部向上转移到球拍上，最终打出令人满意的球。

（十）前臂屈肌拉伸练习

1. 练习方法

①站姿、坐姿或跪姿等准备姿势均可，右臂向前伸展，高度与肩齐平，手掌朝下，手指尽可能向上抬。

②左手轻轻地将右手腕向后拉。

③拉伸到最大程度时维持 30 秒左右。

④换另一侧手臂继续进行练习。

2. 练习的重要性

在高校网球训练中，在两脚蹬地力量经过身体各部位转移到球拍上的动力过程中，最后一个转移力量的部位就是前臂屈肌，因此前臂屈肌的灵敏性对网球运动而言非常重要，可以促进学生完成有效击球。如果手臂缺乏灵敏性，活动范围就会受限，这又会对击球时的爆发力造成限制，而且也容易造成上臂和肩部损伤，该练习则能够有效强化前臂屈肌的灵敏性，增加击球时的力量，同时能预防上臂和肩部的运动损伤。

（十一）前臂伸肌拉伸练习

1. 练习方法

①站姿、坐姿或跪姿等准备姿势都可以，右臂向前伸展，高度与肩齐平，手掌朝下。

②左手轻轻推右手，从而加大拉伸。

③维持 30 秒左右。

④还原，换另一侧手臂继续进行练习。

2. 练习的重要性

在高校网球训练中，很多击球动作都对学生前臂伸肌的灵敏性有较高的要求，尤其是反手击落地球时向后挥拍的质量直接受前臂伸肌灵敏性的影响。前臂伸肌越灵敏，功能越强，活动范围越大，存储的潜在能量也就越多，在击球时尤其是击落地球时释放这些潜在能量能够有效提高击球的质量。

（十二）肩部收缩外旋练习

1. 练习方法

①站姿、坐姿或跪姿等准备姿势都可以；双手将弹力带握住，掌心朝上，屈肘，双肩向后下方倾斜，放松头部和颈部，重心保持平衡、稳定。

②双手外旋 5 ~ 8 厘米，拇指同时向外转动；随后肩部收紧，挺胸，维持 3 秒。

③还原，休息片刻，重复进行练习。

2. 练习要点

在高校网球训练中，肩关节容易发生过度使用性运动损伤，因此要加强针对旋转袖、肩胛骨肌肉方面的训练。在发球和正手球的随球动作阶段，这些肌群经常做离心运动，而该练习则是使这些肌群做向心运动，能促使肩胛带更为完整。另外，该练习也有助于学生在网球训练中维持正确的运动姿势。

参 考 文 献

[1] 王河镇，陈正，郭雅．网球运动科学训练指导［M］．长春：东北师范大学出版社，2011.

[2] 张林．现代网球运动技法解析［M］．长春：吉林大学出版社，2012.

[3] 姜晓宏．网球运动教程［M］．沈阳：东北大学出版社，2013.

[4] 易春燕．中国网球运动发展研究［M］．郑州：河南大学出版社，2014.

[5] 李吉松．网球运动技术与教学［M］．长春：吉林大学出版社，2016.

[6] 罗晓洁．网球技术与教法［M］．上海：同济大学出版社，2016.

[7] 尹树来，蒋宏伟．网球运动理论与实践指导［M］．北京：中国书籍出版社，2016.

[8] 王泽刚．网球运动实训教程［M］．武汉：武汉大学出版社，2016.

[9] 陈建强，魏琳．网球教学与练习［M］．上海：复旦大学出版社，2017.

[10] 杨旭东，满小妮，于天博．网球运动的多维度分析与实战教学研究［M］．北京：中国纺织出版社，2018.

[11] 付辉，王锋．网球运动教程［M］．天津：天津科学技术出版社，2018.

[12] 韩飞．网球运动训练技巧与管理方法研究［M］．北京：中国原子能出版社，2020.

[13] 刘良辉，熊冲．网球后备人才综合技能培养与提高研究［M］．北京：中国书籍出版社，2020.

[14] 赵婷婷．高校网球训练方法［M］．长春：吉林科学技术出版社，2022.

[15] 王壹伦．中国大学生网球锦标赛发展研究［M］．北京：中国书籍出版社，2022.

[16] 乔培基．现代网球运动的产生和发展［J］．体育文史，1997（3）：61–62.

[17] 孙克成.试论心理训练在铅球训练中的作用[J].河南机电高等专科学校学报，2002（2）：93-94.

[18] 孙艳艳．浅谈柔道运动员的心理训练［J］．才智，2011（24）：258.

[19] 丁曼音．中学生田径训练中运动损伤产生的原因及预防［J］．科教文汇（下旬刊），2011（9）：154-155.